KB067566

제3판

MICROECONOMICS
미시경제학

- 연 습 문 제 해 답 집 -

김영산·왕규호

박영사

차례

01

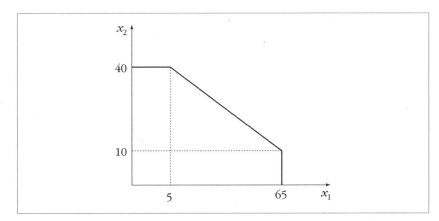

02 먼저 예산선의 기울기를 따져보자. 휘발유를 200리터 이하로 구매하면 기울기가 $1\left(=\dfrac{1000}{1000}\right)$이고, 200리터 이상 500리터 이하이면 $\dfrac{3}{4}\left(=\dfrac{750}{1000}\right)$이며, 500리터 이상 구매하면 $\dfrac{1}{2}\left(=\dfrac{500}{1000}\right)$이다.

소득이 40만원: 다른 재화만을 구매시 총 400단위를 구매한다. 휘발유만 구매시 40만원 가운데 20만원은 리터당 1,000원으로 200리터를 구입하는 데 사용하고 나머지 20만원은 리터당 25% 할인된 750원으로 $\dfrac{800}{3}$리터 를 구입하는데 마저 사용된다.

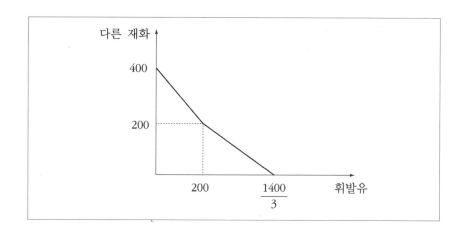

소득이 100만원: 다른 재화만을 구매시 총 1,000단위를 구매한다. 휘발유만 구매 시 100만원 가운데 20만원은 리터당 1,000원으로 200리터를 구입하기 위해 사용하고 나머지 80만원 가운데 22만 5천원은 리터당 750원으로 300리터를 구입하는데 사용되며, 남은 57만 5천원은 개당 500원으로 1,150리터를 구입하는데 사용된다.

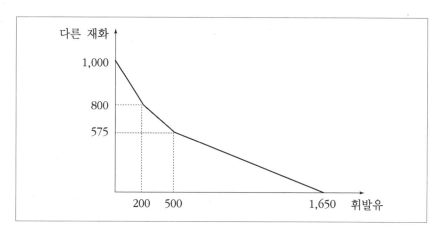

03 1) 세금 부과 전의 예산선은 $p_1 x_1 + p_2 x_2 = m$, 부과 후의 예산선은
$(p_1 + t) x_1 + p_2 x_2 = m$이다. 따라서 두 경우를 그려보면 아래와 같다.

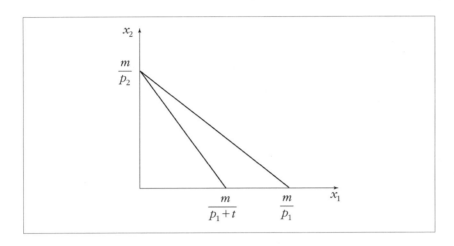

2) t원 세금 부과 시 소비자 선택점이 (x_1^0, x_2^0)이므로 이 소비묶음은
예산선상에 있다. 따라서 $(p_1 + t) x_1^0 + p_2 x_2^0 = m$이 성립한다. 그러므로
소비자가 지불하는 세금은 $T = t x_1^0$이다. 이를 목돈으로 세금을 내면
예산선은 $p_1 x_1 + p_2 x_2 = m - T$이다. (x_1^0, x_2^0)은 새 예산선상에 위치
한다. 따라서 두 경우를 그려보면 다음과 같다.

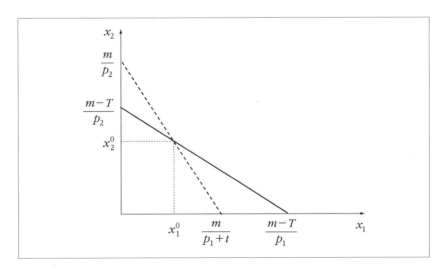

04 원래의 예산선에서 $x_1 = 500$일 때, 재화2의 양을 x_2^0라고 하자. 그러면 $\left(500,\, x_2^0\right)$는 원래의 예산선상에 있어야 한다. 전화회사가 기본료를 올리고 통화당 사용료를 낮추었을 경우, 월 500분을 통화하는 소비자에게는 추가적인 부담이 없으므로 $\left(500,\, x_2^0\right)$는 새로운 예산선상에 있어야 한다. 기본료가 올랐기 때문에 $x_1 > 0$인 경우, 포기해야 하는 재화2의 양이 증가한다. 반면에 통화료(p_1)가 낮아졌으므로 예산선의 기울기는 완만해 진다. 이를 그림으로 그리면 아래와 같다. 새로운 예산선은 파란색으로 표시되어 있다.

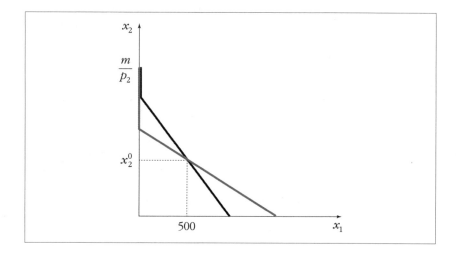

05 **재화1만 구입:** $x_1 \leq 30$이면 $p_1 = 1$이므로 30단위를 구입하고, 남은 소득은 70이다. $x_1 > 30$이면 세금이 부과되어 $p_1 = 2$가 된다. 남은 소득으로 35단위를 구입해, 총 65단위를 구입할 수 있다. 따라서 (65, 0)이 예산선상에 있다.

재화2만 구입: $x_2 \leq 40$이면 $p_2 = 2$이므로 40단위를 구입하고, 남은 소득은 20이다. $x_2 > 40$이면 보조금을 받아 $p_2 = 1$이 된다. 남은 소득으로 20단위를 구입해, 총 60단위를 구입할 수 있다. 따라서 (0, 60)이 예산선상에 있다.

　$x_1 = 30$일 때 소비할 수 있는 재화2의 양을 구해보자. $x_1 = 30$을 소비하려면 30을 지불해야 하므로 남은 소득은 70이다. $x_2 \leq 40$일 때, $p_2 = 2$이므로 남은 소득으로 35단위의 재화2를 소비할 수 있다. 따라서 (30, 35)가 예산선상에 있다.

　$x_2 = 40$일 때 소비할 수 있는 재화 1의 양을 구해보자. $x_2 = 40$을 소비하려면 80을 지불해야 하므로 남은 소득은 20이다. $x_1 \leq 30$일 경우, $p_1 = 1$이므로 남은 소득으로 20단위의 재화 2를 소비할 수 있다. 따라서 (20, 40)이 예산선상에 있다. 예산선은 아래와 같다.

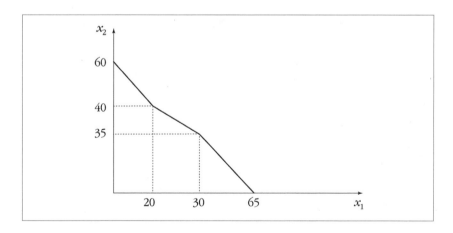

06 **재화1만을 구입:** $x_1 \leq 30$이면 $p_1 = 2$이므로 30단위를 구입하고, 남은 소득은 60이다. $x_1 > 30$이면 $p_1 = 1$이므로, 남은 소득으로 60단위를 더 구입할 수 있다. 따라서 90단위를 구입할 수 있다. 그러므로 $(90, 0)$이 예산선상에 있다.

재화2만 구입: 가입비 10을 지불한 후, $p_2 = 1$이므로 110단위를 구매할 수 있다. 따라서 $(0, 110)$이 예산선상에 있다.

$x_1 = 30$일 때 소비할 수 있는 재화2의 양을 구해보자. $x_1 = 30$을 소비하려면 60을 지불해야 하므로 남은 소득은 60이다. 재화 2를 구입하려면 먼저 가입비 10을 지불해야 하므로, 50이 남는다. $p_2 = 1$이므로 50의 소득으로 50단위를 구입할 수 있다. 따라서 $(30, 50)$이 예산선상에 있다. 예산선은 아래와 같다.

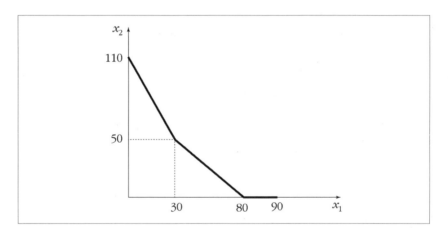

07 **재화1만 구입:** 먼저 가입비 10을 지불해야 하므로 남은 소득은 110이 된다. $x_1 \leq 40$이면 보조금을 받아 $p_1 = 1$이므로 40단위를 구입하고, 남은 소득은 70이다. $x_1 > 40$이면 보조금이 없으므로 $p_1 = 2$이다. 그러므로 남은 소득으로 35단위를 더 구입할 수 있어, 총 75단위를 구입할 수 있다. 따라서 $(75, 0)$이 예산선상에 있다.

재화2만 구입: 가입비 20을 지불해야 하므로 남은 소득은 100이 된다. $x_2 \leq 30$ 이면 $p_2 = 1$이므로 30단위를 구입하고, 남은 소득은 70이다. $x_2 > 30$이면 세금으로 인해 $p_2 = 2$이다. 그러므로 남은 소득으로 35단위를 구입해, 총 65단위를 구입할 수 있다. 따라서 (0, 65)가 예산선상에 있다.

$x_1 = 40$일 때 소비할 수 있는 재화2의 양을 구해보자. $x_1 = 40$을 소비하려면 가입비를 포함해 50을 지불해야 하므로 남은 소득은 70이다. 재화2를 구입하려면 먼저 가입비 20을 지불해야 하므로, 50이 남는다. $x_2 \leq 30$이면 $p_2 = 1$이므로 50의 소득으로 30단위를 구하고 20이 남는다. $x_2 > 30$이면 $p_2 = 2$이므로 남은 소득으로 10단위를 더 구입할 수 있다. 따라서 (40, 40)이 예산선상에 있다.

$x_2 = 30$일 때 소비할 수 있는 재화1의 양을 구해보자. $x_2 = 30$을 소비하려면 가입비를 포함해 50을 지불해야 하므로 남은 소득은 70이다. 재화1을 구입하려면 먼저 가입비 10을 지불해야 하므로, 60이 남는다. $x_1 \leq 40$이면 $p_1 = 1$이므로 60의 소득으로 40단위를 구하고 20이 남는다. $x_1 > 40$이면 $p_1 = 2$이므로 남은 소득으로 10단위를 더 구입할 수 있다. 따라서 (50, 30)이 예산선상에 있다. 예산선은 아래와 같다.

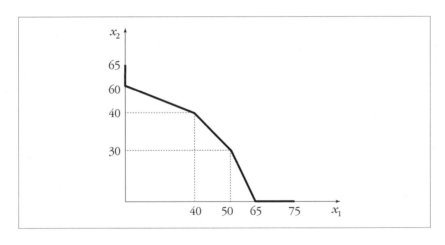

08 재화2만 구입하면 1200단위를 구입할 수 있다. 따라서 (0, 1,200)이 예산 선상에 있다. 재화1만 구입하면, 기본료 10을 지불하고 전기소비에 사용하는 소득은 1190이 된다. 1190의 소득으로 300kwh까지는 kwh당 1의 가격으로 구입한다. 그리고 남은 소득 890에서 다시금 10을 기본료로 추가 납부하고 남은 880의 소득으로 kwh당 2를 주고 440kwh를 소비해, 총 740kwh를 사용할 수 있다. 따라서 (740, 0)이 예산선상에 있다.

$x_1 = 300$일 때 구입할 수 있는 재화2의 양을 구해보자. $x_1 = 300$를 구입하려면 기본료를 포함해 310을 지불해야 하므로, 남은 소득은 890이다. 나머지 재화의 가격이 1이므로 890단위를 구입할 수 있다. 예산선은 아래와 같다.

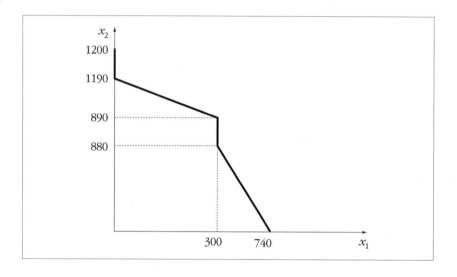

09 가입비를 낼 경우 재화1 5단위를 무료로 주는 것을 잠시 잊어버리고, 예산집합을 구해보자. 재화1만 사면 가입비 100을 지불하고, 1100단위를 살 수 있다. 재화2만 사면 120단위를 살 수 있다. 이때 예산집합을 구하면 다음의 검은 선과 같다. 여기에 재화1 5단위를 무료로 받는다는 것은 현물보조를 받는 것과 동일하다. 따라서 새로운 예산집합은 오른쪽으로 5만큼 이동한다. 최종적으로 예산집합은 파란색으로 표시되어 있다.

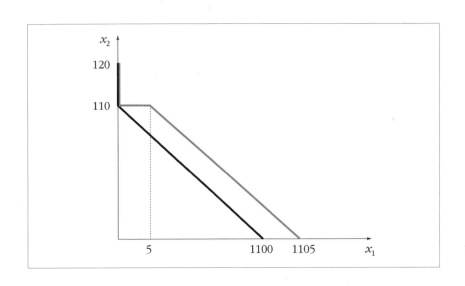

10 **재화1만 구입**: 가입비 4를 지불하면 남은 소득은 36이다. $x_1 = 20$를 사면 20을 지불하고, 16이 남는다. 이 때 쿠폰에 의해 한 개를 더 받는다. 따라서 21개가 되고, 나머지 금액으로 16개를 구입할 수 있으므로, 총 37단위를 구입할 수 있다. 따라서 (37, 0)이 예산선상에 있다.

재화2만 구입: 가입비 2를 지불하면 남은 소득은 38이다. $x_2 \leq 10$이면 $p_2 = 1$이므로 10단위를 구입하고, 남은 소득은 28이다. $x_2 > 10$이면 세금으로 인해 $p_2 = 2$이다. 그러므로 남은 소득으로 14단위를 더 구입해, 총 24단위를 구입할 수 있다. 따라서 (0, 24)가 예산선상에 있다.

$x_2 = 10$일 때 소비할 수 있는 재화1의 양을 구해보자. $x_2 = 10$을 소비하려면 가입비를 포함해 12를 지불해야 하므로 남은 소득은 28이다. 재화1을 구입하려면 가입비 4를 지불해야 하므로, 24가 남는다. 남은 돈으로 24개를 사고, 20개가 넘으므로 쿠폰으로 한 개 더 받는다. 따라서 (25, 10)이 예산선상에 있다.

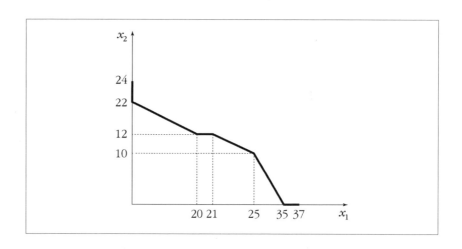

11 1) 사과를 재화1, 배를 재화2로 보면 $p_1 = 1$, $p_2 = 2$, $\omega = (10, 6)$이다. 따라서 예산선은 $x_1 + 2x_2 = 1 \times 10 + 2 \times 6 = 22$이다.

2) 상대가격이 1이 되므로, 새로운 예산선의 기울기는 -1이고 $\omega = (10, 6)$을 지난다.

3) 역시 상대가격이 1이 되므로 새로운 예산선의 기울기는 -1이고 $\omega = (10, 6)$을 지난다. 따라서 2)와 3)의 예산선은 동일하다. 다음 그림에 파란선으로 표시되어 있다.

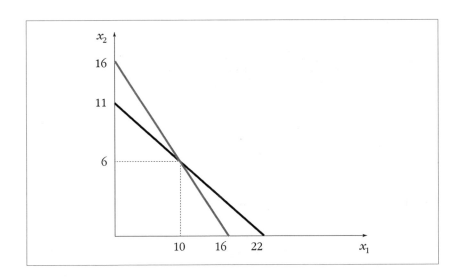

01   완전성을 충족시키지 못한다. 두 선수 가운데 한 선수는 다른 한 선수에
     비해 빠른 반면 지구력은 좋지 않다고 한다면, 두 선수를 비교할 수 없다.
     따라서 완전성은 충족되지 않는다. A가 B보다 더 빠르고 지구력이 크며,
     B는 C보다 더 빠르고 지구력이 크다면, 당연히 A는 B보다 더 빠르고
     지구력이 크다고 할 수 있다. 따라서 이행성은 충족한다.

02   1) $x \succsim y$ 이고 $y > z$이면, $x > z$이다: x가 y보다 약선호되고, y가 z보다
        강선호되면, x가 z보다 강선호된다는 의미이다. x가 z보다 강선호되지
        않으면, z가 x보다 약선호된다는 의미이다. 즉, $z \succsim x$이다. $x \succsim y$
        이므로 이행성에 의해 $z \succsim y$이다. 이는 $y > z$에 모순된다. 따라서
        $x > z$이다.

     2) $x > y$이고 $y \sim z$이면, $x > z$이다: x가 y보다 강선호되고, y가 z와
        무차별하면, x가 z보다 강선호된다는 의미이다. x가 z보다 강선호되지
        않으면, z가 x보다 약선호된다는 의미이다. 즉, $z \succsim x$이다. $y \sim z$이므로
        $y \succsim z$이다. 따라서 이행성에 의해 $y \succsim x$이다. 이는 $x > y$에 모순된다.
        따라서 $x > z$이다.

03 동일한 무차별곡선상에 있는 (x_1^0, x_2^0)와 $(x_1^1, x_2^1)(x_1^0 > x_1^1, x_2^0 < x_2^1)$인

두 점에서 MRS를 계산해 보자. $MRS(x_1^0, x_2^0) = \dfrac{MU_1(x_1^0, x_2^0)}{MU_2(x_1^0, x_2^0)}$이다.

$x_1^0 > x_1^1, x_2^0 < x_2^1$이므로 한계효용 체감에 의해 $MU_1(x_1^0, x_2^0) <$
$MU_1(x_1^1, x_2^0), MU_2(x_1^0, x_2^0) > MU_2(x_1^0, x_2^1)$이다. 또한 한 재화의 소비가
증가할 때 다른 재화의 한계효용이 감소하지 않으므로 $MU_1(x_1^0, x_2^0) <$
$MU_1(x_1^1, x_2^0) \leq MU_1(x_1^1, x_2^1), MU_2(x_1^1, x_2^1) \leq MU_2(x_1^0, x_2^1) < MU_2(x_1^0,$
$x_2^0)$이다. $MRS(x_1^0, x_2^0) = \dfrac{MU_1(x_1^0, x_2^0)}{MU_2(x_1^0, x_2^0)} < \dfrac{MU_1(x_1^1, x_2^1)}{MU_2(x_1^1, x_2^1)} = MRS(x_1^1, x_2^1)$
이므로 한계대체율은 체감한다.

04 술과 담배의 경우, 무차별 곡선의 기울기는 (−)이다. 담배와 술 모두가
비재화(bads)이므로 술의 소비를 늘릴 때 일정한 효용수준을 유지하기
위해서는 담배를 줄일 수밖에 없다.

　술과 커피의 경우, 무차별 곡선의 기울기는 (+)이다. 술은 비재화인
반면, 커피는 재화이기 때문에 술의 소비를 늘릴 때 일정한 효용수준을
유지하기 위해서는 커피 또한 늘릴 수밖에 없다.

05 사과와 바나나의 소비를 각각 x_1과 x_2로 표시하면, 위의 소비자는 $x_2 >$
x_1이면 한계대체율이 2, $x_2 < x_1$이면 한계대체율이 $\dfrac{1}{2}$이다. 이를 그림으
로 표시하면 다음과 같다.

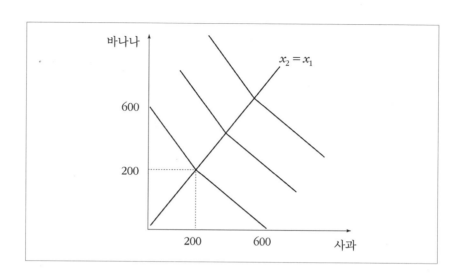

06 햄버거를 가로축에, 프렌치프라이를 세로축에 놓으면 무차별곡선은 아래
와 같이 그려진다.

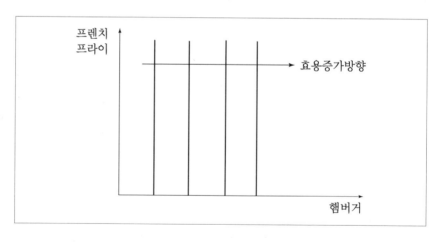

07    $x_2 > x_1$이면 두 재화가 모두 goods이므로 무차별곡선은 우하향한다. 그러나 $x_2 < x_1$이면 재화 1이 중립재이므로 무차별곡선은 가로축에 평행한 직선이 된다. 이를 그림으로 그리면 아래와 같다.

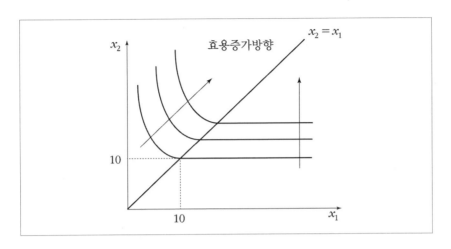

08   아이스크림을 가로축에, 짜장면을 세로축에 표시하자. $x_1 < 5$이면 아이스크림과 짜장면 모두 재화이므로 무차별곡선은 우하향한다. 그러나 $x_1 > 5$이면 짜장면은 여전히 재화이나 아이스크림은 비재화가 되므로 무차별곡선은 우상향한다. 이를 그림으로 그리면 아래와 같다.

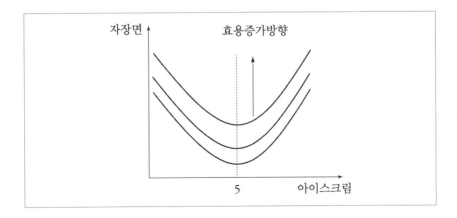

09 (1) $U(x_1, x_2) = x_1 x_2$ (2) $U(x_1, x_2) = \sqrt{x_1 x_2}$ (3) $U(x_1, x_2) = -\dfrac{1}{x_1 x_2}$

(1)의 효용함수에 (2)는 $f(z) = \sqrt{z}$, (3)은 $f(z) = -\dfrac{1}{z}$을 합성한 것이다.
이들은 x_1과 x_2가 모두 0보다 큰 영역에서 정의되어 있는 단조증가함수
이다. 따라서 (1), (2), (3)의 효용함수는 모두 서수적으로 동일하다.

10 1) (1) $MU_1 = 2x_1 x_2$, $MU_2 = x_1^2$이므로 $MRS = \dfrac{2x_2}{x_1}$.

(2) $MU_1 = \dfrac{1}{2\sqrt{x_1}}$, $MU_2 = \dfrac{1}{2\sqrt{x_2}}$이므로 $MRS = \dfrac{\sqrt{x_2}}{\sqrt{x_1}}$.

(3) $MU_1 = \dfrac{1}{x_1^2}$, $MU_2 = \dfrac{1}{x_2^2}$이므로 $MRS = \dfrac{x_2^2}{x_1^2}$.

(4) $x_1 < x_2$이면 $U = 2x_1 + x_2$이므로 $MU_1 = 2$, $MU_2 = 1$.
따라서 $MRS = 2$.
$x_1 > x_2$이면 $U = x_1 + 2x_2$이므로 $MU_1 = 1$, $MU_2 = 2$.
따라서 $MRS = \dfrac{1}{2}$.

(5) $MU_1 = 2x_1$, $MU_2 = 2x_2$이므로 $MRS = \dfrac{x_1}{x_2}$.

(6) $x_1 < x_2$이면 $U = x_2$이므로 $MU_1 = 0$, $MU_2 = 1$.
따라서 $MRS = 0$.
$x_1 > x_2$이면 $U = x_1$이므로 $MU_1 = 1$, $MU_2 = 0$.
따라서 $MRS = \infty$.

(7) $x_1 < x_2$이면 $U = x_1 + 2x_2$이므로 $MU_1 = 1$, $MU_2 = 2$.
따라서 $MRS = \dfrac{1}{2}$.
$x_1 > x_2$이면 $U = 2x_1 + x_2$이므로 $MU_1 = 2$, $MU_2 = 1$.

따라서 $MRS = 2$.

2) (1) $U(x_1, x_2) = x_1^2\, x_2$

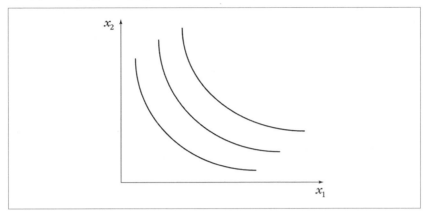

(2) $U(x_1, x_2) = \sqrt{x_1} + \sqrt{x_2}$

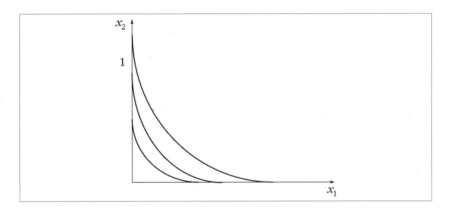

(3) $U(x_1, x_2) = -(\dfrac{1}{x_1} + \dfrac{1}{x_2})$

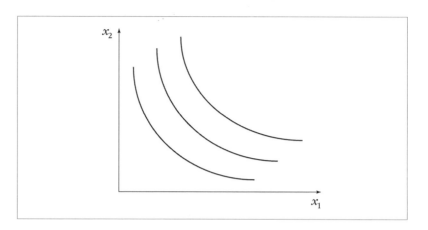

(4) $U(x_1, x_2) = \min\{2x_1 + x_2,\ x_1 + 2x_2\}$

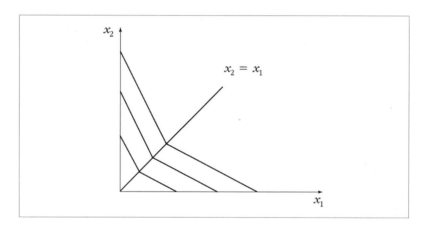

(5) $U(x_1, x_2) = x_1^2 + x_2^2$

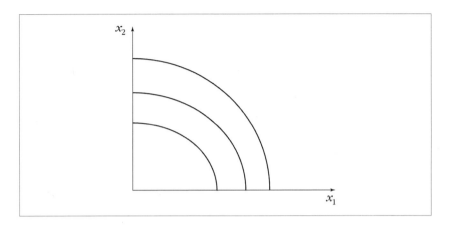

(6) $U(x_1, x_2) = \max\{x_1, \ x_2\}$

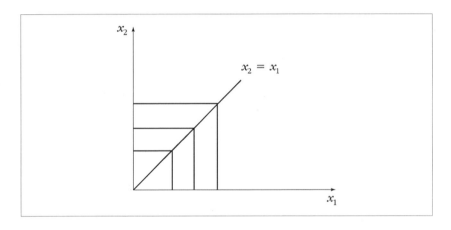

(7) $U(x_1, x_2) = \max\{2x_1 + x_2,\ x_1 + 2x_2\}$

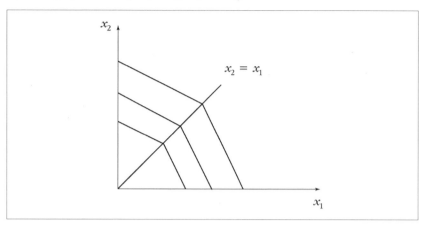

3) (1), (2), (3), (4)는 한계대체율이 체감하고, (5), (6), (7)은 한계대체율이 체증한다.

11

1) 한계대체율이 $\dfrac{1}{x_1}$: 한계대체율이 x_2와 무관하게 x_1에만 의존한다. 그러므로 x_1이 일정하면 한계대체율은 일정하다. 또한 x_1이 증가할수록 한계대체율이 작아지므로 한계대체율은 체감한다.

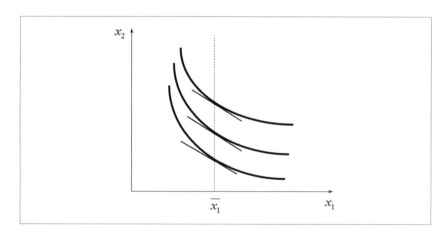

2) 한계대체율이 $\dfrac{1}{\sqrt{x_2}}$: 한계대체율이 x_1에 무관하게 x_2에만 의존한다. 그러므로 x_2이 일정하면 한계대체율이 동일하다. 또한 x_2이 감소할수록(즉, x_1이 커짐에 따라) 한계대체율이 체증한다.

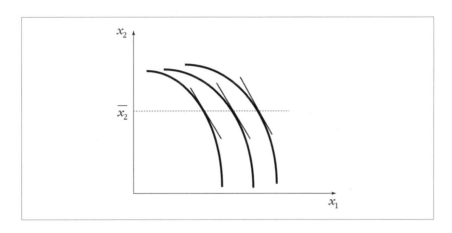

12 재화2의 소비를 고정한 채로 재화1의 소비를 늘릴 경우, 재화1이 이전만큼 좋아지지 않게 되었으므로 가로축에 평행한 직선을 따라 이동할 때 한계대체율은 감소한다. 이를 그림으로 표현하여 아래와 같다.

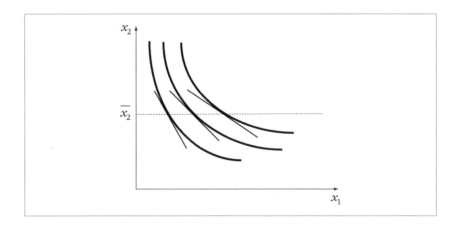

13 X의 원소의 개수가 1개이면 아무런 조건이 필요없다. X의 원소의 개수가 2개이면 완전성만 충족하면 효용함수로 대표된다. X의 개수가 3개 이상이면 완전성과 이행성 모두 필요하다. 원소의 개수가 $k(\geq 3)$일 때 선호관계가 효용함수로 대표된다고 가정하자. 이제 원소의 개수가 $k+1$인 경우를 생각하자. $k+1$의 원소를 편의상 $a_1, \cdots, a_{k+1}$으로 표시하고, a_{k+1}를 제외한 집합 $Y = X - \{a_{k+1}\}$을 생각하자. Y에 속한 원소의 개수가 k개이므로, 귀납법의 가정에 의해 선호관계를 대표하는 효용함수 $U(x)$가 존재한다. 편의상 $U(a_1) \geq U(a_2) \geq \cdots \geq U(a_k)$라고 가정하자. 가능한 모든 경우를 살펴보자.

1) $a_{k+1} > a_1$: $U(a_{k+1}) > U(a_1)$이 되도록 $U(a_{k+1})$를 부여하면 된다.

2) $a_k > a_{k+1}$: $U(a_k) > U(a_{k+1})$이 되도록 $U(a_{k+1})$를 부여하면 된다.

3) $a_{k+1} \sim a_i$: $U(a_{k+1}) = U(a_i)$이 되도록 $U(a_{k+1})$를 부여하면 된다.

4) $a_i > a_{k+1} > a_{i+1}$: $U(a_i) > U(a_{k+1}) > U(a_{i+1})$이 되도록 $U(a_{k+1})$를 부여하면 된다.

모든 가능한 경우에 대해 효용함수는 주어진 선호관계를 대표한다.

제5장 소비자의 선택과 수요

01 1) **참 또는 거짓:** 모든 소비자의 선택이 내부해면 현재 소비묶음에서 한계대체율＝상대가격이 성립한다. 상대가격은 모든 소비자에게 동일하므로, 모든 소비자의 현재 소비묶음에서 한계대체율은 동일하다. 그러므로 참이다. 그러나 한 소비자라도 선택이 코너해면, 한계대체율＝상대가격이 성립하지 않을 수 있으므로 거짓이다.

2) **거짓:** 현재의 소비묶음에서 한계대체율이 $\frac{p_1}{p_2}$보다 작으면, 재화1의 소비를 줄이고, 재화2의 소비를 늘려 효용을 증가시킬 수 있다. 따라서 소비자가 재화1만 소비하고 있으면 한계대체율은 $\frac{p_1}{p_2}$보다 크거나 같아야 한다.

3) **참 또는 거짓:** 소비자의 선택이 내부해면 $MRS(x_1, x_2) = \frac{p_1}{p_2}$이다. 이 식에 소득 m이 나타나 있지 않으므로 소득소비곡선이 맞다. 그러나 코너해면 $MRS(x_1, x_2) = \frac{p_1}{p_2}$이 성립하지 않을 수 있으므로 소득소비곡선이 아니다.

4) **참:** 원래의 예산선은 $x_1 + x_2 = 8$, 새로운 예산선은 $x_1 + 4x_2 = 26$이다. 두 예산선은 (2, 6)에서 교차한다. 이전의 소비묶음 (4, 4)는 새로운 예산선에서 선택가능한 소비묶음이다. 만일 새로운 예산선의 소비자 선택점에서 재화2가 6단위보다 크면, 이는 다음 그림에서 보듯이 원래의 예산선에서 선택가능한 점이다. 이는 원래의 예산선에서 (4, 4)가 효용을 극대화하는 소비자 선택점이라는 사실에 모순된다. 따라서 새로운 예산선에서 재화2가 6보다 큰 소비묶음은 선택되지 않는다. 이 상황을 그림으로 보면 다음과 같다.

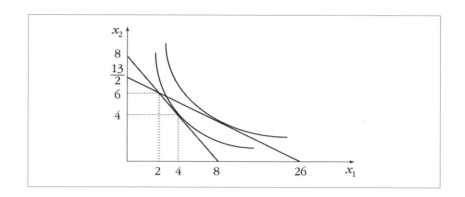

5) 참: 동조적 효용함수는 한계대체율이 두 재화의 비율 $\frac{x_2}{x_1}$에만 의존한다. 따라서 소득소비곡선과 두 재화의 엥겔곡선은 원점을 지나는 직선이다. 그러므로 수요함수는 $x_i^* = a_i m \; i = 1,2$형태이다. 여기서 a_i는 일반적으로 p_1, p_2에 의존한다. 따라서 각 재화의 소득탄력성은

$$\eta_i = \frac{dx_i^*}{dm}\frac{m}{x_i^*} = 1$$이다.

6) 참: 재화1의 가격 탄력성이 1보다 크므로, 재화1의 가격이 상승할 때 지출 $p_1 \times x_1$은 감소한다. 예산선 $p_1 x_1 + p_2 x_2 = m$에서 p_1이 증가할 때, $p_1 \times x_1$이 감소하므로 $p_2 \times x_2$는 증가해야 한다. p_2와 m은 고정되어 있으므로 x_2는 증가해야 한다.

7) 거짓: 예산선 $p_1 x_1 + p_2 x_2 = m$에 두 재화가 대체재 관계이면, p_1이 상승할 때 재화2의 수요는 증가한다. 따라서 $p_2 \times x_2$는 증가하므로 $p_1 \times x_1$은 감소해야 한다. p_1이 상승할 때 $p_1 \times x_1$이 감소하려면 반드시 x_1은 감소해야 한다. 즉, 재화1은 기펜재가 아니다. 그러나 열등재가 아니라는 보장은 없다.

8) 거짓: 가격과 소득이 같은 비율로 변하면 예산집합이 변하지 않으므로, 마샬적 수요는 변하지 않는다. 힉스적 수요의 경우 가격이 같은 비율로 변하면 변하지 않는다. 그러나 효용 수준이 변하면 무차별 곡선이 달라지므로 힉스적 수요는 반드시 변한다.

9) **거짓**: 다음의 예를 보자. $U(x_1, x_2) = f(x_1) + x_2$이므로 $MU_1 = f'(x_1)$, $MU_2 = 1$이다. 두 재화 모두 소비하고 있으므로, $MRS = \dfrac{MU_1}{MU_2} = f'(x_1) = \dfrac{p_1}{p_2}$이다. 재화1의 수요는 소득과 무관하게 결정되므로, 재화1의 소득탄력성은 0이다.

02 1)

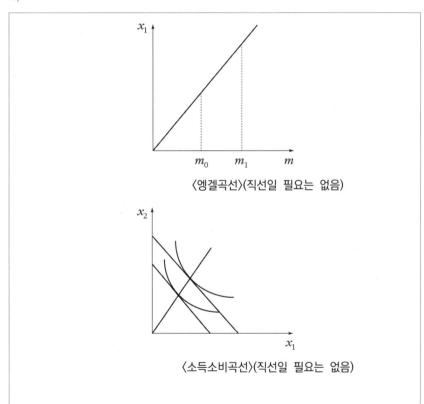

〈엥겔곡선〉(직선일 필요는 없음)

〈소득소비곡선〉(직선일 필요는 없음)

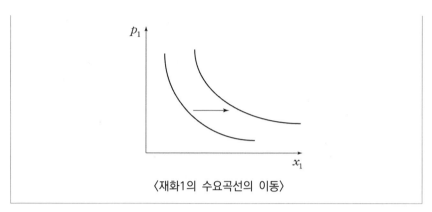

⟨재화1의 수요곡선의 이동⟩

2)

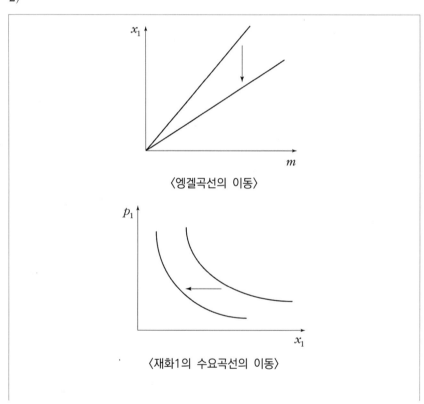

⟨엥겔곡선의 이동⟩

⟨재화1의 수요곡선의 이동⟩

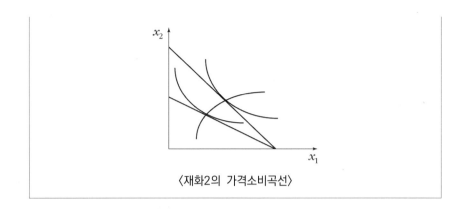

〈재화2의 가격소비곡선〉

03 수요의 가격탄력성은 수요의 변화율을 가격의 변화율로 나눈 값이다. 따라서 세로축과 만나는 점에서 가격이 변화할 때, 수요가 0이므로 수요의 변화율이 무한대가 된다. 따라서 수요의 가격탄력성은 ∞이다. 반면에 가로축과 만나는 점에서 가격이 0이므로 가격의 변화율이 무한대가 되고, 따라서 탄력성은 0이다.

04 아래 그림에서 보듯이 원점을 지나는 직선과 엥겔곡선이 접하는 점이 정확하게 소득탄력성이 1이 되는 점이다.

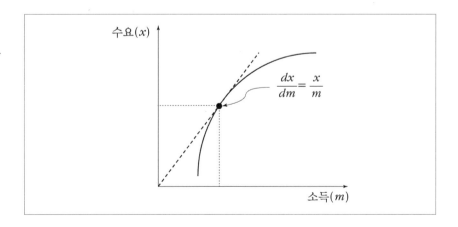

$$\frac{dx}{dm} = \frac{x}{m}$$

05 1)

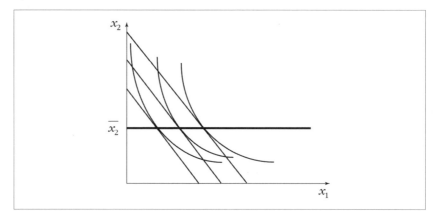

위의 그림과 같이 소득소비곡선은 가로축에 평행한 직선이 된다.

2)

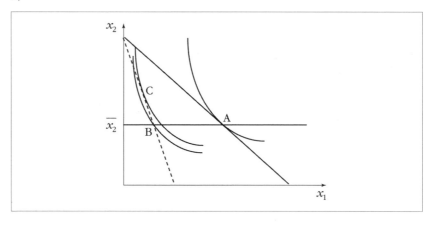

위의 그림에서 재화1의 가격이 상승해 예산선이 실선에서 점선으로 바뀐 경우를 살펴보자. 원래의 예산선에서 소비자 균형은 A이다. 예산선이 점선일 경우, 재화2의 소비를 $\overline{x_2}$로 고정시키고 재화1의 소비만 줄이는 B에서의 한계대체율은 A에서의 한계대체율과 동일하다. 그림에서 보다시피 예산선이 점선이면, B에서 예산선의 기울기의 절대값이 한계대체율보다 큼을 알 수 있다. 따라서 새로운 소비자 균형은 B의 왼쪽에 위치한다. 그러므로 재화1의 가격이 증가할 때 재화2의 수요는 증가함을 알 수 있다. 따라서 예산선 $p_1 x_1 + p_2 x_2 = m$에서, p_1이 증가하면 $p_2 x_2$가 증가하므로 p_1x_1은 감소해야 한다. 그런데 재화1의 가격이 증가할 때 p_1x_1이 감소하려면, 수요의 가격탄력성은 1보다 커야 한다.

06 1) $2x_1 + x_2 \leq x_1 + 2x_2$, 즉 $x_1 \leq x_2$이면 $U(x_1, x_2) = 2x_1 + x_2$이고 $MRS = 2$이다. 반대로 $2x_1 + x_2 \geq x_1 + 2x_2$, 즉 $x_1 \geq x_2$이면 $U(x_1, x_2) = x_1 + 2x_2$이고 $MRS = \frac{1}{2}$이다. 또한 $U(1,1) = 3$이므로 효용이 3인 무차별곡선은 $(1, 1)$을 지난다.

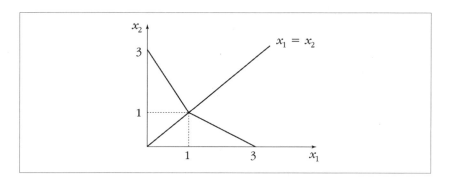

2) $\frac{1}{2} < \frac{p_1}{p_2} < 2$이므로 $x_1 = x_2$에서 효용극대화가 이루어진다.

따라서 $x_1 = x_2$와 $x_1 + x_2 = 120$을 연립해 풀면 $x_1^* = x_2^* = 60$을 얻는다.

3) $\frac{p_1}{p_2} > MRS$이므로 x_1은 소비하지 않고, x_2만을 소비하는 것이 최적이다. 따라서 $x_1 = 0$, $x_2 = 120$을 소비한다.

4) $\frac{p_1}{p_2} > MRS$이어야 하므로, $\frac{p_1}{p_2} > 2$이면 재화1을 소비하지 않는다.

5) $\dfrac{p_1}{p_2} < MRS$이어야 하므로, $\dfrac{p_1}{p_2} < \dfrac{1}{2}$이면 재화2를 소비하지 않는다.

6) 두 재화 소비량이 모두 양이려면 $x_1 = x_2$이 균형이 되어야 한다.

이때 상대가격은 $\dfrac{1}{2} < \dfrac{p_1}{p_2} < 2$을 만족해야 한다.

7) $\dfrac{1}{2} < \dfrac{p_1}{p_2} < 2$이므로 $x_1 = x_2$이어야 한다. 이를 예산선과 연립해 풀

면 $x_1^* = x_2^* = \dfrac{m}{p_1 + p_2}$이다.

소득탄력성: $\dfrac{dx_1^*}{dm} = \dfrac{1}{p_1 + p_2}$이므로, 재화1의 소득탄력성은 $\dfrac{dx_1^*}{dm}\dfrac{m}{x_1^*} = 1$

이다. 마찬가지로 재화2의 소득탄력성도 1이다.

가격탄력성: $\dfrac{dx_1^*}{dp_1} = -\dfrac{m}{(p_1 + p_2)^2}$이므로 $-\dfrac{dx_1^*}{dp_1}\dfrac{p_1}{x_1^*} = \dfrac{p_1}{p_1 + p_2}$이다.

같은 방법으로 $-\dfrac{dx_2^*}{dp_2}\dfrac{p_2}{x_2^*} = \dfrac{p_2}{p_1 + p_2}$이다.

교차탄력성: $\dfrac{dx_1^*}{dp_2} = -\dfrac{m}{(p_1 + p_2)^2}$이므로 $-\dfrac{dx_1^*}{dp_2}\dfrac{p_2}{x_1^*} = -\dfrac{p_2}{p_1 + p_2}$이다.

같은 방법으로 $-\dfrac{dx_2^*}{dp_1}\dfrac{p_1}{x_2^*} = -\dfrac{p_1}{p_1 + p_2}$이다.

07 1) $MU_1 = \dfrac{1}{\sqrt{x_1}}$, $MU_2 = \dfrac{1}{\sqrt{x_2}}$이므로 $MRS = \dfrac{\sqrt{x_2}}{\sqrt{x_1}}$이다. 무차별곡

선을 따라 x_1이 증가하고 x_2가 감소할 때 MRS는 감소하므로 한계대

체율은 체감한다.

2) $MRS = \dfrac{\sqrt{x_2}}{\sqrt{x_1}} = \dfrac{p_1}{p_2} = 2$와 $2x_1 + x_2 = 60$을 연립해 풀면 $x_1 = 10$, $x_2 = 40$이다.

3) $MRS = \dfrac{\sqrt{x_2}}{\sqrt{x_1}} = \dfrac{p_1}{p_2}$와 $p_1 x_1 + p_2 x_2 = m$을 연립해 풀면

$$x_1^* = \dfrac{p_2\, m}{p_1\,(p_1 + p_2)}, \quad x_2^* = \dfrac{p_1\, m}{p_2\,(p_1 + p_2)}\text{이다.}$$

4) **재화1:** $\dfrac{dx_1^*}{dp_1} = \dfrac{-(2p_1 + p_2)\,p_2\, m}{p_1^2\,(p_1 + p_2)^2}$, $\dfrac{dx_1^*}{dp_2} = \dfrac{p_1^2 m}{p_1^2\,(p_1 + p_2)^2}$,

$\dfrac{dx_1^*}{dm} = \dfrac{p_2}{p_1^2\,(p_1 + p_2)^2}$이다. 가격탄력성은 $-\dfrac{dx_1^*}{dp_1}\dfrac{p_1}{x_1^*} = \dfrac{2p_1 + p_2}{p_1 + p_2}$이다.

교차탄력성은 $\dfrac{dx_1^*}{dp_2}\dfrac{p_2}{x_1^*} = \dfrac{p_1}{p_1 + p_2}$이다. 소득탄력성은 $\dfrac{dx_1^*}{dm}\dfrac{m}{x_1^*} = 1$이다.

재화2: 같은 방법으로 가격탄력성은 $\dfrac{p_1 + 2p_2}{p_1 + p_2}$, 교차탄력성은 $\dfrac{p_2}{p_1 + p_2}$, 소득탄력성은 1이다.

08

1) $MU_1 = \dfrac{1}{x_1}$, $MU_2 = 1$이므로 $MRS = \dfrac{1}{x_1}$이다. $MRS = \dfrac{p_1}{p_2}$를 풀면

$x_1 = \dfrac{p_2}{p_1}$이다. 이를 구매하려면 $p_1 x_1 = p_2$가 필요하다. 따라서 $m > p_2$

면 $x_1^* = \dfrac{p_2}{p_1}$, $x_2^* = \dfrac{(m - p_2)}{p_2}$이다. $m \le p_2$이면 $x_1^* = \dfrac{m}{p_1}$, $x_2^* = 0$인 코

너해를 가진다.

2) 소득소비곡선: $m \le p_2$이면 $x_1^* = \dfrac{m}{p_1}$, $x_2^* = 0$, $m > p_2$이면 $x_1^* = \dfrac{p_2}{p_1}$이다.

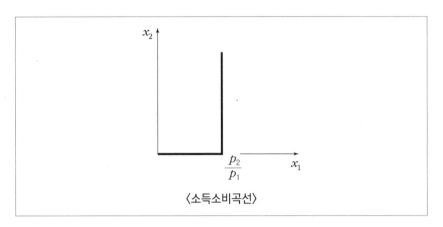

〈소득소비곡선〉

재화1의 엥겔곡선: $m \le p_2$이면 $x_1^* = \dfrac{m}{p_1}$, $m > p_2$이면 $x_1^* = \dfrac{p_2}{p_1}$이다.

재화2의 엥겔곡선: $m \le p_2$이면 $x_2^* = 0$, $m > p_2$이면 $x_2^* = \dfrac{m - p_2}{p_2}$이다.

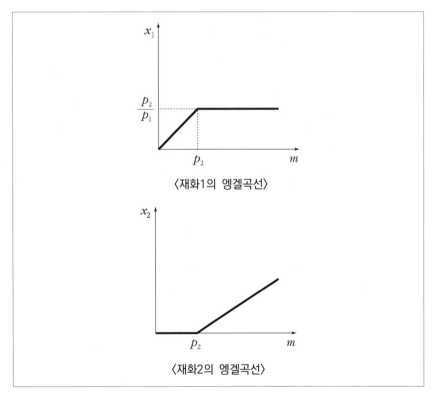

〈재화1의 엥겔곡선〉

〈재화2의 엥겔곡선〉

3) **재화1의 가격소비곡선:** $m \leq p_2$이면 $x_1^* = \dfrac{m}{p_1}$, $x_2^* = 0$인 코너해이므로,

$x_2^* = 0$인 가로축이다. $m > p_2$면 $x_1^* = \dfrac{p_2}{p_1}$, $x_2^* = \dfrac{m - p_2}{p_2}$이므로

$x_2^* = \dfrac{m - p_2}{p_2}$인 가로축에 평행한 직선이다.

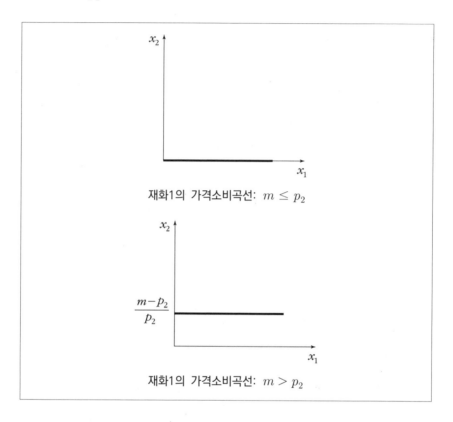

재화1의 가격소비곡선: $m \leq p_2$

재화1의 가격소비곡선: $m > p_2$

재화2의 가격소비곡선: $m \leq p_2$이면 $x_1^* = \dfrac{m}{p_1}$, $x_2^* = 0$인 코너해이므로

$x_1^* = \dfrac{m}{p_1}$이다. $m > p_2$면 $x_1^* = \dfrac{p_2}{p_1}$, $x_2^* = \dfrac{m - p_2}{p_2}$이므로 p_2가 감소할 때

x_1은 감소하고, x_2는 증가한다.

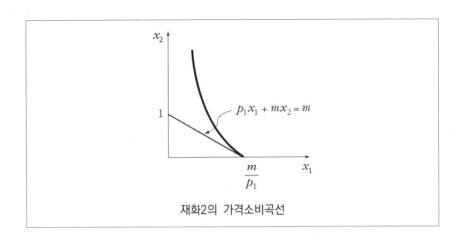

재화2의 가격소비곡선

09 1) $MU_1 = x_2$, $MU_2 = x_1$이므로 $MRS = \dfrac{x_2}{x_1}$이다. $\dfrac{p_1}{p_2} = 2$이므로 $\dfrac{x_2}{x_1} = 2$

와 예산선 $10x_1 + 5x_2 = 400$을 연립해 풀면 $x_1 = 20$, $x_2 = 40$이다.

이 때 효용은 800이다.

2)

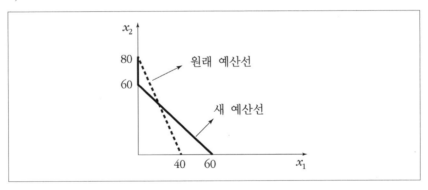

3) $x_1 = 0$이면 효용이 0이므로, 소비자는 반드시 $x_1 > 0$을 선택한다. 그

러면 새로운 예산선은 $5x_1 + 5x_2 = 300$이다. $\dfrac{x_2}{x_1} = 1$과 연립해 풀면

$x_1 = 30$, $x_2 = 30$이다. 효용은 900이므로 (1)보다 증가하였다.

4) 가입비를 F라고 하자. $x_1 = 0$이면 효용이 0이므로, 소비자는 반드시 $x_1 > 0$을 선택한다. 그러면 새로운 예산선은 $5x_1 + 5x_2 = 400 - F$이다. $\dfrac{x_2}{x_1} = 1$과 연립해 풀면 $x_1 = x_2 = \dfrac{400 - F}{10}$이다. 이 때 효용은 $\left(\dfrac{400 - F}{10}\right)^2$이다. $\left(\dfrac{400 - F}{10}\right)^2 = 800$이어야 하므로 $400 - F = 200\sqrt{2}$, 즉 $F = 400 - 200\sqrt{2}$이다. 새로운 소비자 균형은 $x_1 = x_2 = 20\sqrt{2}$이다.

10 1) 재화1에 종량세 1을 부과:

$MRS = \dfrac{2x_2}{x_1} = \dfrac{p_1 + t}{p_2} = 3$과 $3x_1 + x_2 = 108$을 연립해 풀면 $x_1^* = 24$, $x_2^* = 36$이며, 이 때 효용은 20,736이다.

재화2에 종량세 3을 부과:

$MRS = \dfrac{2x_2}{x_1} = \dfrac{p_1}{p_2 + t} = \dfrac{1}{2}$과 $2x_1 + 4x_2 = 108$을 연립해 풀면 $x_1^* = 36$, $x_2^* = 9$를 얻으며, 이 때 효용은 11,664이다. 따라서 소비자는 재화1에 과세되는 것을 선호한다.

2) 재화1에 과세하면 총 세입은 24이고 재화2에 과세하면 총 세입은 27이다. 따라서 재화2에 과세할 때 세금이 더 크다.

11 1) 예산선은 $p_1(x_1)x_1 + p_2x_2 = x_1^2 + p_2x_2 = m$이다. 이를 x_2에 대해 풀면 $x_2 = -\left(\dfrac{x_1^2}{p_2}\right) + \left(\dfrac{m}{p_2}\right)$로 포물선이고, 기울기는 $-\dfrac{2x_1}{p_2}$이다. 재화1의 가격이 재화1의 소비에 의존하므로, 예산선의 기울기는 상수가 아니라 x_1의 크기에 따라 변한다.

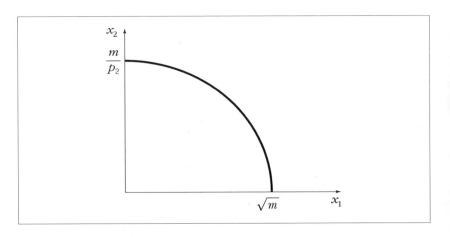

2) $MU_1 = 2x_1x_2$, $MU_2 = x_1^2$이므로 $MRS = \dfrac{2x_2}{x_1} = \dfrac{2x_1}{p_2}$과 예산선 $x_1^2 + p_2x_2 = m$을 연립해 풀면 $x_1^* = \sqrt{\dfrac{m}{2}}$, $x_2^* = \dfrac{m}{2p_2}$이다.

3) $\dfrac{x_1^{*2}}{x_2^*} = p_2$이므로 소득소비곡선은 $x_2 = \dfrac{x_1^2}{p_2}$인 포물선이다.

$\dfrac{dx_1^*}{dm} = \dfrac{1}{2\sqrt{2m}}$, $\dfrac{dx_2^*}{dm} = \dfrac{1}{2p_2}$이므로, 재화1과 2의 소득탄력성은 각각 $\dfrac{1}{2}$과 1이다.

4) p_2가 변할 때 재화1의 소비는 $x_1^* = \sqrt{\dfrac{m}{2}}$로 일정하므로 재화2의 가격소비곡선은 $x_1 = \sqrt{\dfrac{m}{2}}$인 세로축에 평행한 직선이다.

$\dfrac{dx_2^*}{dm} = -\dfrac{m}{2p_2^2}$ 이므로 재화2 수요의 가격탄력성은 1이다.

$\dfrac{dx_1^*}{dp_2} = 0$ 이므로 재화1 수요의 교차탄력성은 0이다.

5) 재화1의 가격은 외생적으로 주어진 것이 아니라 재화1의 소비에 결정 되므로 내생변수이다. 따라서 재화1의 가격탄력성은 정의되지 않는다.

12 1) $MRS = \dfrac{MU_1(x_1)}{MU_2(x_2)}$ 이다. 각 재화의 한계효용이 체감하므로 무차별곡 선을 따라 x_1이 증가하고 x_2가 감소하면, 분자는 감소하고 분모는 증 가한다. 따라서 한계대체율은 반드시 체감한다.

2) p_1, p_2에서 재화1의 가격이 $p_1{}'$으로 감소했다고 가정하자. 그러면 예 산선은 완만해진다. 아래 그림에서 이전의 소비자 균형점은 A이다. A 에서 재화1의 소비와 동일한 양을 소비하면서 새로운 예산선과 만나 는 점을 B라고 하자. B의 재화2의 소비는 A에서의 재화2 소비보다 크다. 따라서 $MRS_B > MRS_A = \dfrac{p_1}{p_2} > \dfrac{p_1{}'}{p_2}$ 이다. 그러므로 새로운 소 비자 균형점은 B보다 예산선 아래쪽에 위치한다. 즉, 재화1의 소비는 반드시 증가한다. 그러므로 기펜재는 불가능하다.

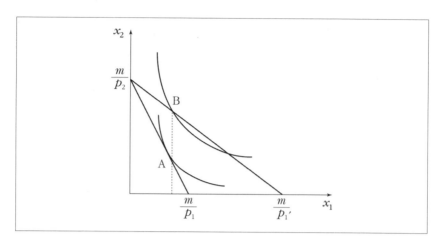

3) p_1, p_2에서 재화1의 가격이 $p_1{}'$으로 감소했다고 가정하자. 그러면 예산선은 완만해진다. 아래 그림에서 이전의 소비자 균형점은 A이다. A에서 재화2의 소비와 동일한 양을 소비하면서 새로운 예산선과 만나는 점을 B라고 하자. B의 재화1의 소비는 A에서의 재화1 소비보다 크다. 따라서 $MRS_B < MRS_A = \dfrac{p_1}{p_2}$이다. 그런데 $\dfrac{p_1}{p_2} > \dfrac{p_1{}'}{p_2}$이므로 MRS_B와 $\dfrac{p_1{}'}{p_2}$의 크기를 비교할 수 없다. 따라서 두 경우 모두 가능하다.

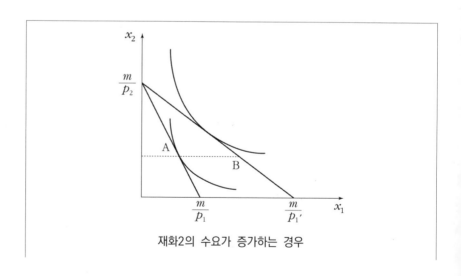

재화2의 수요가 증가하는 경우

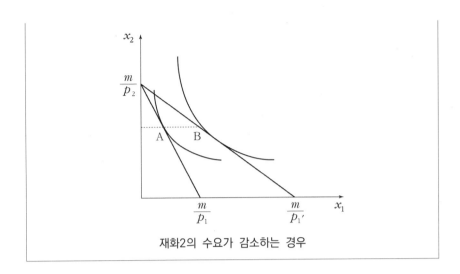

재화2의 수요가 감소하는 경우

4) 소득이 m에서 m'으로 증가하면, 예산선은 오른쪽으로 평행이동한다. 원래의 소비자 균형점을 A라고 하면 $MRS_A = \dfrac{p_1}{p_2}$이다. 그런데 $MRS_C > MRS_A > MRS_B$이므로 새로운 소비자 균형점은 B와 C 사이에 위치한다. 따라서 열등재는 불가능하다.

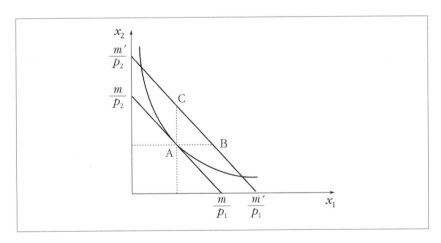

13 (h_1^0, h_2^0)는 효용 수준이 u_0인 무차별곡선상에 있고, $e(p_1^0, p_2^0, u_0) = p_1^0 h_1^0 + p_2^0 h_2^0$이다. (p_1, p_2^0)에서 (h_1^0, h_2^0)를 구매할 때 필요한 금액은 $p_1 h_1^0 + p_2^0 h_2^0$이다. $e(p_1, p_2^0, u_0)$은 (p_1, p_2^0)에서 u_0를 얻기 위한 최소한의 소득이므로 $f(p_1) = e(p_1, p_2^0, u_0) - (p_1 h_1^0 + p_2^0 h_2^0)$이라고 하면 $f(p_1) \le 0$ 이다. 그런데 $e(p_1^0, p_2^0, u_0) = p_1^0 h_1^0 + p_2^0 h_2^0$이므로 $f(p_1^0) = 0$이다. $f(p_1)$는 p_1^0에서 극대값을 가지므로, $f'(p_1^0) = \dfrac{\partial e(p_1^0, p_2^0, u_0)}{\partial p_1 - h_1^0} = 0$, 즉,

$\dfrac{\partial e(p_1^0, p_2^0, u_0)}{\partial p_1} = h_1^0(p_1^0, p_2^0, u_0)$이다. (p_1^0, p_2^0, u_0)는 임의의 값이므로

$\dfrac{\partial e(p_1, p_2, u)}{\partial p_1} = h_1(p_1, p_2, u)$이다. 같은 방법으로 $\dfrac{\partial e(p_1, p_2, u)}{\partial p_2} = h_2(p_1, p_2, u)$이다. 즉, 지출함수를 한 재화의 가격으로 편미분하면, 그 재화의 보상수요를 얻는다. 이 결과를 쉐퍼드의 정리(Shephard's lemma)라고 부른다. $e(p_1, p_2, u) = \sqrt{p_1 p_2 u}$이므로 $h_1(p_1, p_2, u) = \dfrac{\partial \sqrt{p_1 p_2 u}}{\partial p_1} = \sqrt{\dfrac{p_2 u}{2 p_1}}$, $h_2(p_1, p_2, u) = \dfrac{\partial \sqrt{p_1 p_2 u}}{\partial p_2} = \sqrt{\dfrac{p_1 u}{2 p_2}}$이다.

제6장

수요의 법칙과 소비자 후생

01 1) **참**: 동조적 효용함수는 한계대체율이 두 재화의 비율에만 의존한다. 따라서 소득이 증가하면 각 재화의 소비도 같은 비율로 증가하므로 모든 재화가 정상재이다. 대체효과와 소득효과가 같은 방향으로 작용하므로 모든 재화의 수요곡선은 우하향한다.

2) **거짓**: 다음의 예를 보자. $U(x_1, x_2) = x_1 x_2$, $p_1 = 1$, $p_2 = 1$, $m = 20$이면 소비자 균형점은 (10, 10)이고 효용은 100이다. 이제 소득은 변화 없이 가격만 $p_1 = 2.5$, $p_2 = \frac{1}{2}$로 바뀌면 새로운 소비자 균형점은 (4, 20)이고, 효용은 80으로 원래의 효용보다 낮아졌다. 그러나 (4, 20)은 원래의 가격과 소득에서 구매할 수 없다.

3) **거짓**: 위의 상황은 두 재화의 가격은 변하지 않고, 소득을 1.5배 늘린 것과 같은 상황이다. 이 때 첫 번째 재화의 소비가 늘었으므로, 첫 번째 재화는 정상재이다. 반면, 두 번째 재화의 소비는 줄었으므로 두 번째 재화는 열등재이다. 그러나 두 번째 재화가 기펜재임은 알 수 없다.

4) **거짓**: $p_1 = 2$, $p_2 = 1$일 때 (50, 20)이 선택되었으므로 소득은 $m = 2 \times 50 + 1 \times 20 = 120$이다. $2 \times 30 + 1 \times 45 = 105$이므로 $p_1 = 2$, $p_2 = 1$일 때 (30, 45)가 선택가능하다. 반면에 $p_1 = 1$, $p_2 = 2$일 때 (30, 45)가 선택되었으므로 소득은 $m = 2 \times 30 + 1 \times 45 = 105$이다. $1 \times 50 + 2 \times 20 = 90$이므로 $p_1 = 1$, $p_2 = 2$일 때 (50, 20)도 선택가능하다. 소비자의 선택은 일관성을 잃고 있으므로, 언제 더 큰 효용을 누리는지 말할 수 없다.

5) **참**: 1기에서 더 큰 효용을 얻고 있으므로 1기의 소비인 (3, 7)은 2기의 예산선 밖에 위치해야 한다. 그렇지 않으면 2기의 효용이 더 커야 한다. 따라서 $3p_1 + 7p_2 > 5p_1 + 5p_2$이 성립해야 하므로 $p_2 > p_1$이다.

6) **거짓**: 기펜재의 가격이 오르면 해당 재화의 수요 또한 증가한다. 그러나 소득의 변화없이 재화의 가격이 상승하면, 예산집합이 이전보다 줄어들게 되어 선택의 폭이 감소한다. 그러므로 효용이 증가할 수는 없다.

7) **참**: $p_1^0 x_1^0 + p_2 x_2^0 < p_1^0 x_1^1 + p_2 x_2^1$이고 $p_1^1 x_1^1 + p_2 x_2^1 < p_1^1 x_1^0 + p_2 x_2^0$이다. 양변을 더하여 정리하면 $p_1^0 x_1^0 + p_1^1 x_1^1 < p_1^0 x_1^1 + p_1^1 x_1^0$를 얻는다. 이를 다시 정리하면 $(p_1^1 - p_1^0)(x_1^1 - x_1^0) < 0$이다. 따라서 $p_1^0 > p_1^1$이면 $x_1^0 < x_1^1$이다.

02 1) 1기의 선택인 (10, 90)은 2기의 예산선 밖에 있다. 2기의 선택 (60, 20) 또한 1기의 예산선 밖에 있다. 그러므로 두 기의 효용을 비교할 수 없다.

2) 2기의 선택인 (60, 20)은 3기의 예산선상에 있다. 그런데 3기의 선택이 (20, 60)이므로 3기의 효용이 2기의 효용보다 더 크다. 3기의 선택인 (20, 60)은 1기의 예산선상에 있다. 그런데 1기의 선택이 (10, 90)이므로 1기의 효용이 3기의 효용보다 더 크다. 따라서 1기, 3기, 2기 순으로 효용이 크다.

03 두 재화의 가격이 각각 p_1, p_2, 소득이 m이라고 하자. 그러면, 변화 이전
의 예산선은 $p_1 x_1 + p_2 x_2 = m$이고 소비자 균형 (10, 10)은 이 예산선상
에 위치한다. 변화 이후의 예산선은 $(p_1 + 5)x_1 + p_2 x_2 = m + 50$인데,
이전의 소비자 균형인 (10, 10)은 새로운 예산선상에 위치한다. 변화 이
전의 소비점이 변화 이후에도 여전히 가능하다. 따라서 변화 이전의 효용
보다 더 높은 수준의 무차별 곡선에서 소비가 이루어질 것이며 그림에서
보듯이 재화1을 10보다 적게 소비하고 재화2를 10보다 많이 소비하게 될
것이다.

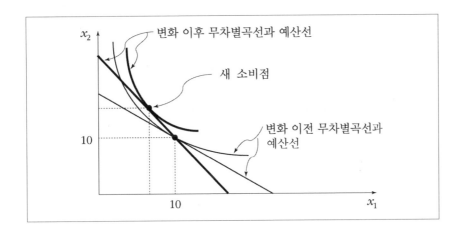

04 10년 전 가격을 (p_1^0, p_2^0), 효용 수준을 u_0, 현재의 가격을 (p_1^1, p_2^1), 효용
수준을 u_1이라고 하자. 10년 전 소득 $m_0 = 100$이므로 $e(p_1^0, p_2^0, u_0) = 100$
이다. 또한 $e(p_1^1, p_2^1, u_0) = 150$, $e(p_1^0, p_2^0, u_1) = 60$이다. 따라서 보상변화
는 $e(p_1^0, p_2^0, u_0) - e(p_1^1, p_2^1, u_0) = -50$이다. 대등변화는 $e(p_1^0, p_2^0, u_1) -$
$e(p_1^0, p_2^0, u_0) = -40$이다.

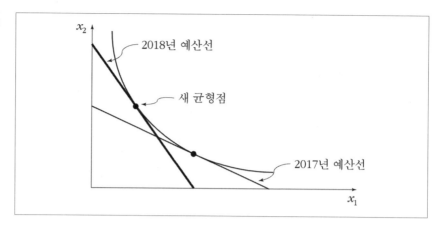

05

두 기간 사이에 재화1의 가격은 상승하고, 재화2의 가격은 변하지 않았으므로 위의 그림에서 보듯이 2018년도 예산선이 더 가파르다. 또한 두 기의 효용의 같으므로 소비자 균형점은 동일한 무차별곡선상에 있다. 그러므로 2018년 균형점이 2017년 균형점보다 왼쪽에 위치한다. 따라서 재화1의 소비는 감소하고, 재화2의 소비는 증가한다.

06

재화2의 소득 탄력성이 1이고, 두 재화만 소비하므로 재화1의 소득 탄력성도 1이다(<Box 5-2> 참고). 주어진 상황을 그래프로 그리면 아래와 같다. B와 C를 비교하면 가격은 동일한데, 소득만 120에서 100으로 감소했다. 재화1의 소득탄력성이 1이므로 B에서 재화1의 소비는 $84 \times \frac{100}{120}$ = 70이다. 따라서 대체효과는 $70 - 60 = 10$이고, 소득효과는 $84 - 70 = 14$이다.

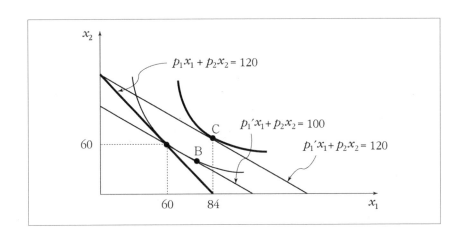

07 기준연도에는 $p_1 = 10$, $p_2 = 10$, $m = 120$이므로 예산선은 $10x_1 + 10x_2 = 120$이다. $x_1 = x_2$이므로 기준연도의 소비자 균형은 $A = (6, 6)$이다. 비교년도에는 $p_1 = 20$, $p_2 = 10$, $m = 120$이므로 예산선은 $20x_1 + 10x_2 = 120$이다. 재화1 수요의 가격탄력성이 1이므로 가격이 두 배가 되었기 때문에 소비량은 절반이 된다. 따라서 $x_1 = 3$이다. 예산선에 의해 $x_2 = 6$이다. 그러므로 비교년도의 소비자 균형은 $B = (3, 6)$이다.

지출함수 $e(p_1, p_2, u)$는 두 재화의 가격이 p_1, p_2일 때 u를 달성하기 위해 필요한 최소한의 소득이다. 따라서 $e(p_1, p_2, u) = m$을 u에 대해 풀면 이는 두 재화의 가격이 p_1, p_2, 소득이 m일 때 얻을 수 있는 최대한의 효용이 된다.

지출함수가 $e = 2\sqrt{p_1 p_2}\, u$이고, 기준연도에는 $p_1 = 10$, $p_2 = 10$, $m = 120$이므로 $120 = 2\sqrt{10 \cdot 10}\, u$을 풀면 기준연도 효용 수준은 $u_0 = 6$이다. 비교년도에는 $p_1 = 20$, $p_2 = 10$, $m = 120$이므로 $120 = 2\sqrt{20 \cdot 10}\, u$을 풀면 비교년도의 효용은 $u_1 = 3\sqrt{2}$이다. 이를 그림으로 보면 다음과 같다.

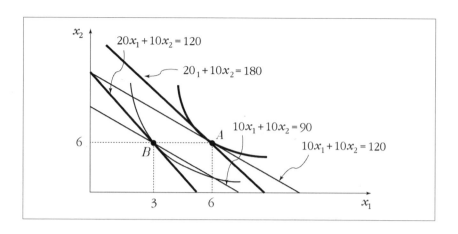

1) $p_1 = 20$, $p_2 = 10$에서 $A = (6, 6)$를 구입하려면 $m^L = 180$이 필요하다. 따라서 라스파이에 물가지수는 $\dfrac{m^L}{m} = \dfrac{3}{2}$이다. $p_1 = 10$, $p_2 = 10$에서 $A = (3, 6)$을 구입하려면 $m^P = 90$이다. 따라서 파쉐 물가지수는 $\dfrac{m}{m^P} = \dfrac{4}{3}$이다.

2) $p_1 = 20$, $p_2 = 10$에서 $u_0 = 6$을 얻으려면 $e = 2\sqrt{20 \cdot 10} \cdot 6 = 120\sqrt{2}$ 가 필요하다. 따라서 보상변화는 $120 - 120\sqrt{2} = -120(\sqrt{2} - 1)$이다.

3) 보상변화에 의해 비교년도 가격에서 기준년도 효용을 얻으려면 소득이 $120\sqrt{2}$이어야 한다. 그런데 비교년도 소득이 $m' = 120 \times 1.4$이다. $\sqrt{2} > 1.4$이므로 기준년도의 후생이 더 크다.

08 $MU_1 = \dfrac{20}{x_1}$, $MU_2 = 1$이므로 $MRS = \dfrac{20}{x_1}$이다.

1) $p_1 = 2$, $p_2 = 1$일 때 $MRS = \dfrac{20}{x_1} = 2$를 풀면 $x_1 = 10$이다. $x_1 = 10$을 소비하려면 $2 \times 10 = 20$의 소득이 필요하다. 따라서 $m \le 20$이면

$x_1^* = \dfrac{m}{2}$, $x_2^* = 0$인 코너해를 가진다. $m > 20$이면 $x_1^* = 10$, $x_2^* = m - 20$이다. 소득소비곡선은 다음과 같다.

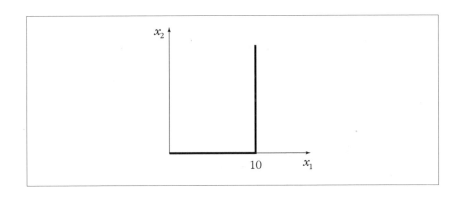

2) $p_2 = 1$, $m = 40$이다. $MRS = \dfrac{20}{x_1} = \dfrac{p_1}{p_2} = p_1$을 풀면 $x_1 = \dfrac{20}{p_1}$이다.

$x_1 = \dfrac{20}{p_1}$를 소비하려면 $p_1 x_1 = 20 < m = 40$이므로 $x_1^* = \dfrac{20}{p_1}$, $x_2^* = 40 - 20 = 20$이다. 따라서 재화1의 가격소비곡선은 $x_2^* = 20$인 가로축에 평행한 직선이다.

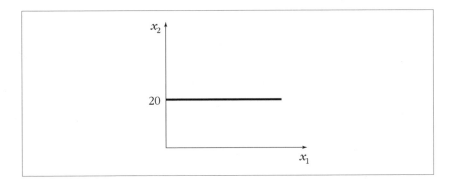

3) $p_1 = 2$, $p_2 = 1$, $m = 40$일 때 $MRS = \dfrac{20}{x_1} = 2$를 풀면 소비자 균형은 $A = (10,\ 20)$이고, 효용은 $u_0 = 20\ln 10 + 20$이다. $p_1 = 4$일 때, $MRS = \dfrac{20}{x_1} = 4$를 풀면 소비자 균형은 $B = (5,\ 20)$이다. $p_1 = 4$, $p_2 = 1$, $u_0 =$

$20\ln 10 + 20$인 보상수요를 구하자. $MRS = \dfrac{20}{x_1} = 4$와 $20\ln x_1 + x_2 = 20\ln 10 + 20$을 연립해 풀면 $C = (5,\ 20\ln 2 + 20)$을 얻는다. 따라서 대체효과와 소득효과는 다음과 같다.

대체효과: $C - A = (-5,\ 20\ln 2)$.

소득효과: $B - C = (0,\ -20\ln 2)$.

09

1) $x_2 > x_1$: $U(x_1, x_2) = 2\sqrt{x_1 x_2} + x_1$이다. $MU_1 = \sqrt{\dfrac{x_2}{x_1}} + 1$, $MU_2 = \sqrt{\dfrac{x_1}{x_2}}$이므로 $MRS = \dfrac{x_2}{x_1} + \sqrt{\dfrac{x_2}{x_1}} \geq 2$이다.

$x_2 < x_1$: $U(x_1, x_2) = 2\sqrt{x_1 x_2} + x_2$이다. $MU_1 = \sqrt{\dfrac{x_2}{x_1}}$, $MU_2 = \sqrt{\dfrac{x_1}{x_2}} + 1$이므로 $MRS = \dfrac{(x_2/x_1)}{1 + \sqrt{(x_2/x_1)}} \leq \dfrac{1}{2}$이다.

한계대체율이 두 재화의 소비묶음의 비율인 x_2/x_1에만 의존하므로 동조적 효용함수이다.

2) $x_2 > x_1$와 $x_1 > x_2$인 경우 모두 x_1이 증가하고 x_2가 감소할 때 한계대체율은 감소한다. 또한 $x_2 > x_1$이면 $MRS > 2$, $x_2 < x_1$이면 $MRS < \dfrac{1}{2}$이므로 한계대체율은 체감하며, 따라서 효용 극대화 2계 조건은 충족된다.

3) $x_1 = x_2$이면 $\dfrac{1}{2} \leq MRS \leq 2$이므로 $\dfrac{1}{2} \leq \dfrac{p_1}{p_2} \leq 2$이어야 한다.

4) $p_1 = 20$; $MRS = \dfrac{x_2}{x_1} + \sqrt{\dfrac{x_2}{x_1}} = 20$과 예산선 $20x_1 + x_2 = m$을 연립해 풀면 소비자 균형은 $A = \left(\dfrac{m}{36},\ \dfrac{4m}{9} \right)$이고, 효용은 $u_0 = \dfrac{m}{4}$이다.

$$p_1 = \frac{1}{20}; \quad MRS = \frac{(x_2/x_1)}{1 + \sqrt{(x_2/x_1)}} = \frac{1}{20} \text{과 예산선 } \left(\frac{1}{20}\right)x_1 + x_2 = m$$

을 연립해 풀면 소비자 균형은 $B = \left(\dfrac{80m}{9}, \ \dfrac{5m}{9}\right)$ 이고 효용은 $u_1 = 5m$

이다.

$p_1 = \dfrac{1}{20}, \ u_0 = \dfrac{m}{4}$ 일 때 보상수요는 $MRS = \dfrac{(x_2/x_1)}{1 + \sqrt{(x_2/x_1)}} = \dfrac{1}{20}$

과 $U(x_1, x_2) = 2\sqrt{x_1 x_2} + x_2 = \dfrac{m}{4}$ 를 연립해 풀면 된다. 이 때 $C =$

$\left(\dfrac{4m}{9}, \ \dfrac{m}{36}\right)$ 을 얻는다.

대체효과: $C - A = \left(\dfrac{5m}{12}, \ -\dfrac{5m}{12}\right)$.

소득효과: $B - C = \left(\dfrac{76m}{9}, \ \dfrac{19m}{36}\right)$.

5) $p_1 = \dfrac{1}{20}$ 에서 $C = \left(\dfrac{4m}{9}, \ \dfrac{m}{36}\right)$ 을 구입 시 $m' = \dfrac{1}{20} \times \dfrac{4m}{9} + 1 \times \dfrac{m}{36}$

$= \dfrac{m}{20}$ 이 필요하다. 따라서 보상변화는 $m - \dfrac{m}{20} = \dfrac{19m}{20}$ 이다.

$p_1 = 20$ 에서 $u_1 = 5m$ 을 얻기 위한 보상수요는 $MRS = \dfrac{x_2}{x_1} + \sqrt{\dfrac{x_2}{x_1}} = 20$

과 $U(x_1, x_2) = 2\sqrt{x_1 x_2} + x_1 = 5m$ 을 연립해 풀면 $D = \left(\dfrac{5m}{9}, \ \dfrac{80m}{9}\right)$

을 얻는다. 이때 필요한 소득은 $20 \times \dfrac{5m}{9} + \dfrac{80m}{9} = 20m$ 이다.

따라서 대등변화는 $20m - m = 19m$ 이다.

10 1) $MRS = \sqrt{\dfrac{x_2}{x_1}} = \dfrac{p_1}{p_2} = 1$과 $x_1 + x_2 = 120$을 연립해 풀면 $x_1^* = x_2^* = 60$이다.

2) 종량세로 인해 $p_1 = 2$가 된다. 따라서 $\sqrt{\dfrac{x_2}{x_1}} = 2$와 $2x_1 + x_2 = 120$을 연립해 풀면 $x_1^* = 20$, $x_2^* = 80$이다. 따라서 가격효과로 수요가 40 감소하고, 조세의 크기는 20이다.

3) 조세가 20이므로 소득세로 지불하면 예산선은 $x_1 + x_2 = 100$이다. 예산선과 $\sqrt{\dfrac{x_2}{x_1}} = 1$을 연립해 풀면 $x_1^* = x_2^* = 50$이고, 효용은 $2\sqrt{50} = 10\sqrt{2}$이다. 종량세로 낼 경우 소비자 균형 $(20, 80)$이므로 효용은 $\sqrt{20} + \sqrt{80} = 6\sqrt{5}$이다. $10\sqrt{2} > 6\sqrt{5}$이므로 소득세로 낼 경우의 효용이 더 크다.

4) 소득세로 R을 내면 예산선은 $x_1 + x_2 = 120 - R$이다. $\sqrt{\dfrac{x_2}{x_1}} = 1$이므로 소비자는 $x_1 = x_2 = \dfrac{120 - R}{2}$를 선택하며, 효용은 $2\sqrt{\dfrac{120-R}{2}} = \sqrt{2(120-R)}$이다. 종량세로 낼 때의 효용은 $6\sqrt{5} = \sqrt{180}$이므로 최대의 소득세 수준은 $\sqrt{2(120-R)} = \sqrt{180}$으로 결정된다. 따라서 $R = 30$이다.

11 1) 예산선은 $(p_1 - s)x_1 + p_2 x_2 = m$이다.

2) $s \times x_1^*$를 현금으로 받으면 새로운 예산선은 $p_1 x_1 + p_2 x_2 = m + s \times x_1^*$이다. $(p_1 - s)x_1 + p_2 x_2 = m$일 때 소비자 균형이 (x_1^*, x_2^*)이므로 $(p_1 - s)x_1^* + p_2 x_2^* = m$이다. 이를 정리하면 $p_1 x_1^* + p_2 x_2^* = m + s \times x_1^*$

이다. 따라서 현금을 받을 시 여전히 (x_1^*, x_2^*)를 선택할 수 있다.

3) 현금으로 받으면 항상 (x_1^*, x_2^*) 선택가능하므로, 가격보조를 받을 때 보다 효용이 낮지 않다.

12 1) 새로운 예산선은 $p_1 x_1 + p_2 x_2 = m - t x_1^*$이다. (x_1^*, x_2^*)가 종량세가 부과되었을 때의 소비자 선택점이므로 (x_1^*, x_2^*)는 종량세가 부과되었을 때의 예산선 $(p_1 + t) x_1^* + p_2 x_2^* = m$을 만족한다. 이를 정리하면 $p_1 x_1^* + p_2 x_2^* = m - t x_1^*$이므로 (x_1^*, x_2^*)는 $T = t x_1^*$를 소득세로 부과하였을 때의 예산선상에 있다.

2) 새로운 예산선은 $(p_1 + t) x_1 + p_2 x_2 = m$이다. (x_1^0, x_2^0)가 이 예산선상에 있어야 하므로 $(p_1 + t) x_1^0 + p_2 x_2^0 = m$이다. 그런데 (x_1^0, x_2^0)가 소득세로 T를 지불할 경우의 소비자 선택점이므로 그 때의 예산선 $p_1 x_1 + p_2 x_2 = m - T$ 상에 있어야 한다. 즉, $p_1 x_1^0 + p_2 x_2^0 = m - T$이다. $(p_1 + t) x_1^0 + p_2 x_2^0 = m$에서 $p_1 x_1^0 + p_2 x_2^0 = m - T$이므로 $t x_1^0 = T$이어야 한다. 즉, $t = \dfrac{T}{x_1^0}$이다.

3) 소득세 대신 종량세를 부과하면 예산선의 기울기가 $\dfrac{p_1}{p_2}$에서 $\dfrac{p_1 + t}{p_2}$로 바뀌므로 새로운 예산선 $(p_1 + t) x_1 + p_2 x_2 = m$은 (x_1^0, x_2^0)를 지나면서 기울기는 이전보다 가팔라진다. 소득세로 부과하면 예산선이 $p_1 x_1 + p_2 x_2 = m - T$이고 소비자 선택점은 (x_1^0, x_2^0)이므로 (x_1^0, x_2^0)에서 예산선과 무차별 곡선은 접하고 있다. 따라서 새로운 예산선에서 소비자 선택점은 (x_1^0, x_2^0)보다 왼쪽에 위치하여야 한다. 즉, 종량세하에서 소비자 선택점을 $(\widehat{x_1}, \widehat{x_2})$이라고 하면 반드시 $\widehat{x_1} < x_1^0$이다

(다음 그림 참조). 그러므로 종량세 부과시 조세수입은 $T' = t\,\widehat{x_1} < t\,x_1^0 = T$이다.

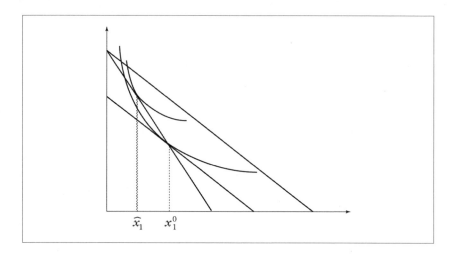

01 1) $P^3 \cdot Q^3 = 10$이다. $P^3 \cdot Q^1 = 10$이므로 Q^3이 Q^1보다 직접 현시선호된다.

2) $P^2 \cdot Q^2 = 10$이다. $P^2 \cdot Q^3 = 10$이므로 Q^2가 Q^3보다 직접 현시선호된다.

3) $P^1 \cdot Q^1 = 10$이다. $P^1 \cdot Q^3 = 20$이므로 Q^1이 Q^3보다 직접 현시선호되지 않는다.

$P^3 \cdot Q^3 = 10$이다. $P^3 \cdot Q^2 = 20$이므로 Q^3이 Q^2보다 직접 현시선호되지 않는다.

$P^1 \cdot Q^1 = 10$이다. $P^1 \cdot Q^2 = 10$이므로 Q^1이 Q^2보다 직접 현시선호된다.

$P^2 \cdot Q^2 = 10$이다. $P^2 \cdot Q^1 = 20$이므로 Q^2가 Q^1보다 직접 현시선호되지 않는다.

따라서 약공리는 충족된다. 그러나 1)과 2)에 의해서 Q^2가 Q^1보다 간접 현시선호된다.

Q^1이 Q^2보다 직접 현시선호되므로 간접 현시선호된다. 따라서 강공리를 충족하지 않는다.

제7장 실물부존 모형

01 1) **참**: 자신이 판매자인 재화의 가격이 하락했으므로 계속해 판매자로 남아 있으면 그 소비자의 후생은 반드시 감소한다. 따라서 효용이 증가했다면 반드시 판매자에서 구매자로 입장이 바뀐 것이다(주의: 구매자로 바뀌었다고 반드시 효용이 증가했다고는 할 수 없다).

2) **참**: 예산선의 기울기는 $\dfrac{p_1}{p_2}$이고 항상 (ω_1, ω_2)를 지난다. p_2의 하락은 p_1의 증가와 동일하게 예산선의 기울기는 가파르게 된다. 소비자가 재화1의 판매자이므로 소비자의 효용은 증가한다.

3) **거짓**: 재화1의 가격이 상승하면 대체효과에 의해 재화1의 소비가 감소하고, 재화2의 소비는 증가한다. 소비자가 재화1의 구매자이므로, 재화1 가격의 상승은 소득의 하락을 의미한다. 재화2가 정상재이므로 소득이 감소하면 소비도 감소한다. 두 효과가 반대로 작용하기 때문에 재화2의 소비가 항상 증가한다고 말할 수 없다.

4) **거짓**: 재화1의 구매자이므로 재화2의 판매자이다. 재화2의 가격이 하락했으므로 대체효과에 의해 재화2 소비는 증가한다. 또한 재화2의 가격의 하락은 소득의 하락을 의미한다. 재화2가 열등재라면 소득이 감소하므로 수요가 증가한다. 따라서 재화2의 소비는 증가해야 한다.

5) **거짓**: 이자율은 현재 소비의 가격이므로 이자율이 낮아지면 예산선의 기울기가 완만해져 대체효과에 의해 현재 소비는 증가한다. 소득효과는 소비자가 대부자인지 혹은 차용자인지에 따라 달라진다. 대부자인 경우, 이자율의 하락은 소득의 감소를 의미한다. 현재 소비가 열등재

라면 소득이 감소했으므로 현재 소비가 증가한다. 따라서 이 경우 소비가 감소할 수 없다. 반면에 정상재의 경우 현재 소비가 감소한다. 반면에 차용자의 경우 이자율의 하락은 소득의 증가를 의미한다. 열등재의 경우 현재 소비가 감소한다. 정상재의 경우 현재 소비는 증가한다. 그러므로 이자율이 하락할 경우, 현재 소비가 감소하는 경우는 대부자이면서 정상재인 경우와 차용자이면서 열등재인 경우이다. 대부자라는 조건이 없으므로 현재 소비가 열등재라고 말할 수 없다.

6) 예산선이 가는 실선일 때 소비자 균형점이 A이다. 재화1의 가격이 상승해 새로운 예산선이 굵은 실선이면 수요의 가격탄력성이 1이므로 새로운 균형점은 $\overline{x_2}$를 지나는 수평선과 예산선이 만나는 B이다. 그러나 실제 예산선은 굵은 실선과 기울기가 동일하나 실물부존점인 ω를 지나는 점선이 된다. 이때 새로운 균형점이 $\overline{x_2}$를 지나는 수평선과 점선의 예산선이 만나는 C라는 보장이 없다. 따라서 '가격수용곡선'은 수평이라고 말할 수 없다.

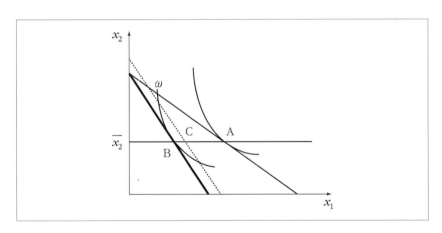

02 이자율이 감소할 때 대부자가 여전히 대부자로 남아 있으면 효용은 반드시 감소한다. 그러나 차용자로 입장을 바꾸면 효용이 증가 혹은 감소하는지 알 수 없다.

03 1)

〈재화1의 판매자인 소비자〉

그림에서 보다시피, 재화1의 판매자가 되려면 (ω_1, ω_2)에서의 한계대체율이 상대가격인 $\dfrac{p_1}{p_2}$보다 완만해야 한다; $MRS(\omega_1, \omega_2) < \dfrac{p_1}{p_2}$.

2) $U(x_1, x_2) = x_1 x_2$인 콥 $-$ 더글라스(Cobb $-$ Douglas) 효용함수의 한계대체율은 $MRS = \dfrac{x_2}{x_1}$이다. $\dfrac{x_2}{x_1} = \dfrac{p_1}{p_2}$와 예산선 $p_1 x_1 + p_2 x_2 = p_1 \omega_1 + p_2 \omega_2$를 연립해 풀면, 총수요는 $x_1^* = \dfrac{p_1\omega_1 + p_2\omega_2}{2p_1}$, $x_2^* = \dfrac{p_1\omega_1 + p_2\omega_2}{2p_2}$이다. 따라서 순수요는 $x_1^* - \omega_1 = \dfrac{p_2\omega_2 - p_1\omega_1}{2p_1}$, $x_2^* - \omega_2 = \dfrac{p_1\omega_1 - p_2\omega_2}{2p_2}$이다.

3) 재화1의 판매자가 되려면 $x_1^* - \omega_1 = \dfrac{p_2\omega_2 - p_1\omega_1}{2p_1} < 0$이어야 한다. 이를 정리하면 $p_1\omega_1 > p_2\omega_2$, 즉 $\dfrac{\omega_2}{\omega_1} < \dfrac{p_1}{p_2}$이다. 1)에서의 조건은 $MRS(\omega_1, \omega_2) < \dfrac{p_1}{p_2}$이다. (ω_1, ω_2)에서 $U(x_1, x_2) = x_1 x_2$의 한계대체율은 $MRS(\omega_1, \omega_2) = \dfrac{\omega_2}{\omega_1}$이므로 $MRS(\omega_1, \omega_2) < \dfrac{p_1}{p_2}$는 $\dfrac{\omega_2}{\omega_1} < \dfrac{p_1}{p_2}$인 조건과 동일하다.

4) $x_1^* = \dfrac{p_1\omega_1 + p_2\omega_2}{2p_1}$, $x_2^* = \dfrac{p_1\omega_1 + p_2\omega_2}{2p_2}$를   효용함수에   대입하면

$U(x_1^*,\ x_2^*) = \dfrac{\omega_1\omega_2}{4}(2 + \dfrac{p_1\omega_1}{p_2\omega_2} + \dfrac{p_2\omega_2}{p_1\omega_1})$이다. $U(x_1^*,\ x_2^*)$를 p_1에 대해

미분하면 $\dfrac{dU(x_1^*,\ x_2^*)}{dp_1} = \dfrac{\omega_1\omega_2}{4p_1}(\dfrac{p_1\omega_1}{p_2\omega_2} - \dfrac{p_2\omega_2}{p_1\omega_1}) = \dfrac{1}{4}(\dfrac{\omega_1^2}{p_2} - \dfrac{p_2\omega_2^2}{p_1^2})$이다.

p_1에 대해서 증가함수이려면, $\dfrac{dU(x_1^*,\ x_2^*)}{dp_1} > 0$, 즉 $\dfrac{\omega_1^2}{p_2} - \dfrac{p_2\omega_2^2}{p_1^2} > 0$이

어야 한다. 따라서 그 조건은 $p_1\omega_1 > p_2\omega_2$이다. 이는 정확하게 소비

자가 재화1의 판매자가 될 조건과 일치한다.

5) 현재의 가격에서 판매자이므로 3)에서 보다시피 $\dfrac{\omega_2}{\omega_1} < \dfrac{p_1}{p_2}$, 즉

$p_1\omega_1 > p_2\omega_2$이다. 4)에 의해 계속해 판매자로 남아 있으면 재화1의

가격이 하락할 때 효용은 감소한다. 그러나 구매자로 입장이 바뀌었

으므로, 새로운 가격에서는 $p_1\omega_1 < p_2\omega_2$이 성립한다. 이 경우에는 재

화1의 가격이 하락할수록 효용은 증가한다. 그러므로 재화1의 하락

폭에 따라 소비자 효용은 증가할 수도 감소할 수도 있다.

04 1) $MU_1 = \dfrac{1}{x_1}$, $MU_2 = \dfrac{1}{x_2}$이므로 $MRS = \dfrac{x_2}{x_1}$이다. 실물부존은 $(2\omega,\ \omega)$

이다. 소비자가 재화1의 판매자가 되려면 $MRS(2\omega,\ \omega) = \dfrac{\omega}{2\omega}$

$= \dfrac{1}{2} < \dfrac{p_1}{p_2}$가 성립해야 한다. 따라서 $\dfrac{p_1}{p_2} > \dfrac{1}{2}$이다.

2) $\dfrac{p_1}{p_2} = 1$이므로 소비자는 재화1의 판매자이다. $MRS = \dfrac{x_2}{x_1} = 1$과 예산선

$x_1 + x_2 = 3\omega$를 연립해 풀면 $x_1 = x_2 = \dfrac{3\omega}{2}$이고, 효용은 $u_0 = \ln\left(\dfrac{3\omega}{2}\right)^2$

이다. $\dfrac{p_1}{p_2} = t$로 놓으면, 새로운 소비자 균형은 $MRS = \dfrac{x_2}{x_1} = t$, 예산선

$tx_1 + x_2 = (2t+1)\omega$를 연립해 풀면 된다. 이를 풀면 $x_1 = \dfrac{(2t+1)\omega}{2t}$,

$x_2 = \dfrac{(2t+1)\omega}{2}$ 이고, 이때 효용은 $U^* = \ln \dfrac{[(2t+1)\omega]^2}{4t}$ 이다.

로그는 증가함수이므로 $U^* > u_0$이려면 $\dfrac{[(2t+1)\omega]^2}{4t} > \dfrac{9\omega^2}{4}$이면 된다.

양변에서 ω를 소거하고 정리하면 $(4t-1)(t-1) > 0$ 성립해야 한다.

이 부등식이 성립하는 범위는 $t < \dfrac{1}{4}$ 또는 $t > 1$이다. 구매자가 되어야

하므로 $t < \dfrac{1}{2}$이어야 한다. 따라서 구하는 범위는 $0 < \dfrac{p_1}{p_2} < \dfrac{1}{4}$이다.

3) $x_1 = \dfrac{(2t+1)\omega}{2t}$ 에 $t = \dfrac{p_1}{p_2}$를 대입해 정리하면 $x_1 = (1 + \dfrac{p_2}{2p_1})\omega$이다.

$\dfrac{dx_1}{dp_1} = -\dfrac{p_2}{2p_1^2}\omega$이므로 가격탄력성은 $-\dfrac{dx_1}{dp_1}\dfrac{p_1}{x_1} = \dfrac{p_2}{2p_1^2}\omega \times \dfrac{p_1}{(1 + \dfrac{p_2}{2p_1})\omega}$

$= \dfrac{p_2}{2p_1} \times \dfrac{1}{(1 + \dfrac{p_2}{2p_1})} < 1$이다. 따라서 비탄력적이다.

4) $\dfrac{dx_1}{dp_2} = \dfrac{\omega}{2p_1}$ 이므로 교차탄력성은 $\dfrac{dx_1}{dp_2}\dfrac{p_2}{x_1} = \dfrac{\omega}{2p_1} \times \dfrac{p_2}{(1 + \dfrac{p_2}{2p_1})\omega} = \dfrac{p_2}{2p_1} \times$

$\dfrac{1}{(1 + \dfrac{p_2}{2p_1})} > 0$이다. 따라서 대체재이다.

05 1) 이는 $p_1 x_1 + p_2 x_2 = m$에 재화1을 ω_1만큼 현물보조 받은 경우와 동일하다. 따라서 예산선은 $p_1 x_1 + p_2 x_2 = m + p_1 \omega_1$이고 이 가운데 $x_2 \leq \dfrac{m}{p_2}$인 부분이다.

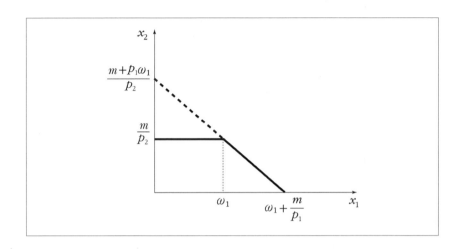

2) 재화1을 팔 수 있으면 재화2를 $\dfrac{m + p_1 \omega_1}{p_2}$만큼 살 수 있다. 따라서 1)의 그림에서 점선이 실선으로 바뀐다. $p_1 x_1 + p_2 x_2 = m + p_1 \omega_1$ 전체가 예산선이다. p_2가 상승하면 $(\omega_1 + \dfrac{m}{p_1}, 0)$을 지나면서 기울기가 가팔라진다.

3) $\dfrac{m}{p_2}$와 ω_1는 변하지 않으므로 p_1이 증가할 때 새로운 예산선은 여전히 $\left(\omega_1, \dfrac{m}{p_2}\right)$를 지난다. 세로절편 $\dfrac{m + p_1 \omega_1}{p_2}$은 증가하고, 가로절편 $\omega_1 + \dfrac{m}{p_1}$은 감소한다. 따라서 다음 그림과 같이 이전에는 선택 가능하지 않았던 점선으로 된 부분이 나타난다. 따라서 효용은 증가한다.

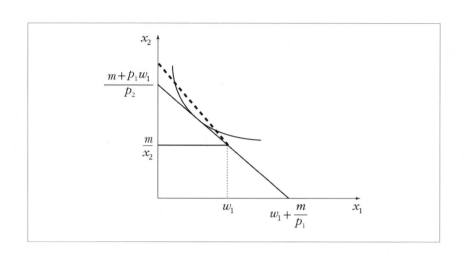

06 1) $MU_1 = \dfrac{1}{2\sqrt{x_1}}$, $MU_2 = \dfrac{1}{2\sqrt{x_2}}$ 이므로 $MRS = \sqrt{\dfrac{x_2}{x_1}}$ 이다. 실물부

존은 (ω, ω) 이다. 소비자가 재화1의 구매자가 되려면 $MRS(\omega, \omega)$

$= \sqrt{\dfrac{\omega}{\omega}} = 1 > p_1$ 가 성립해야 한다. 따라서 $p_1 < 1$ 이다.

2) $MRS = \sqrt{\dfrac{x_2}{x_1}} = p_1$ 과 예산선 $p_1 x_1 + x_2 = (p_1 + 1)\omega$ 를 연립해 풀면

$x_1^* = \dfrac{\omega}{p_1}$, $x_2^* = p_1 \omega$ 이다.

3) $x_1^* = \dfrac{\omega}{p_1}$ 이므로 $\dfrac{dx_1^*}{dp_1} = -\dfrac{\omega}{p_1^2}$ 이고 재화1 수요의 가격탄력성은

$-\dfrac{dx_1^*}{dp_1}\dfrac{p_1}{x_1^*} = 1$ 이다. $\dfrac{dx_2^*}{dp_1} = \omega$ 이므로 재화2 수요의 교차탄력성은

$\dfrac{dx_2^*}{dp_1}\dfrac{p_1}{x_2^*} = 1$ 이다.

4) $p_1 = \dfrac{1}{4}$ 을 $x_1^* = \dfrac{\omega}{p_1}$, $x_2^* = p_1 \omega$ 에 대입하면 $x_1^* = 4\omega$, $x_2^* = \dfrac{\omega}{4}$ 이고 효

용은 $\sqrt{4\omega} + \sqrt{\dfrac{\omega}{4}} = \left(\dfrac{5}{2}\right)\sqrt{\omega}$ 이다. $x_1^* = \dfrac{\omega}{p_1}$, $x_2^* = p_1\omega$ 일 때 효용은 $\left(\dfrac{\sqrt{p_1}+1}{\sqrt{p_1}}\right)\sqrt{\omega}$ 이다. $\left(\dfrac{\sqrt{p_1}+1}{\sqrt{p_1}}\right)\sqrt{\omega} > \left(\dfrac{5}{2}\right)\sqrt{\omega}$, 즉 $\dfrac{\sqrt{p_1}+1}{\sqrt{p_1}} > \dfrac{5}{2}$

를 풀면 된다. $t = \sqrt{p_1}$ 으로 치환해 정리하면 $t^2 - \left(\dfrac{5}{2}\right)t + 1 > 0$ 을 풀면 된다. $t^2 - \left(\dfrac{5}{2}\right)t + 1 = \left(\dfrac{t-1}{2}\right)(t-2) > 0$ 을 풀면 $t < \dfrac{1}{2}$ 또는 $t > 2$, 즉 $p_1 < \dfrac{1}{4}$ 또는 $p_1 > 4$ 이다. 소비자가 재화1의 판매자가 되어야 하므로 $p_1 > 1$ 이어야 한다. 따라서 $p_1 > 4$ 이다.

07 1) $MRS = \dfrac{c_2}{c_1} = 1 + r$(예산선의 기울기)와 $c_1 + \dfrac{c_2}{1+r} = y_1 + \dfrac{y_2}{1+r}$ 을 연립해 풀면, $c_1^* = \dfrac{1}{2}(y_1 + \dfrac{y_2}{1+r})$, $c_2^* = \dfrac{1}{2}[(1+r)y_1 + y_2]$ 을 얻는다.

2) $y_1 - c_1^* = y_1 - \dfrac{1}{2}(y_1 + \dfrac{y_2}{1+r}) = \dfrac{1}{2}(y_1 - \dfrac{y_2}{1+r}) > 0$ 이어야 대부자가 된다. 따라서 $y_1 > \dfrac{y_2}{1+r}$ 가 성립해야 한다.

3) $s_1^* = y_1 - c_1^* = \dfrac{1}{2}(y_1 - \dfrac{y_2}{1+r})$ 이다. 따라서 이자율 r이 증가하면 저축은 증가한다.

4) $s_1^* = \dfrac{1}{2}(y_1 - \dfrac{y_2}{1+r})$ 에서 미래소득 y_2가 감소하면 저축은 증가한다.

08 1) $MU_1 = \dfrac{1}{2\sqrt{c_1}}$, $MU_2 = \dfrac{1}{2(1+\rho)\sqrt{c_2}}$ 이므로 $MRS = \dfrac{(1+\rho)\sqrt{c_2}}{\sqrt{c_1}}$ 이다. $c_2 = c_1$일 때 $MRS = 1+\rho$이다. ρ가 증가하면 한계대체율은 증가한다. 효용함수에서 보듯이 ρ가 증가하면 미래소비로부터 얻는 효용이 감소한다. 미래보다는 현재가 더 중요해지므로 현재소비 한 단위를 더 얻기 위해 포기할 용의가 있는 미래소비량이 증가하는 것이다.

2) 소비자 균형조건에서 $MRS = \dfrac{(1+\rho)\sqrt{c_2}}{\sqrt{c_1}} = 1+r$이므로 $\dfrac{\sqrt{c_2}}{\sqrt{c_1}} = \dfrac{1+r}{1+\rho}$ 이다. $c_1^* > c_2^*$이려면 $\dfrac{1+r}{1+\rho} < 1$, 즉 $\rho > r$이다.

3) $\dfrac{\sqrt{c_2}}{\sqrt{c_1}} = \dfrac{1+r}{1+\rho}$ 과 예산식 $c_1 + \dfrac{c_2}{1+r} = y_1 + \dfrac{y_2}{1+r}$ 을 연립해 풀면

$c_1^* = \dfrac{(1+\rho)^2}{(1+\rho)^2 + (1+r)}(y_1 + \dfrac{y_2}{1+r})$,

$c_2^* = \dfrac{(1+r)^2}{(1+\rho)^2 + (1+r)}(y_1 + \dfrac{y_2}{1+r})$이다.

4) ρ가 증가할 때 c_1^*은 증가, c_2^*는 감소한다.

5) 이자율 r이 증가할 때 c_1^*은 감소하므로 저축은 증가한다.

6) 미래소득 y_2가 증가하면 c_1^*은 증가하므로 저축은 감소한다.

09 1) $MU_1 = \dfrac{1}{c_1}$, $MU_2 = \dfrac{\rho}{c_2}$이므로 $MRS = \dfrac{c_2}{\rho c_1}$이다. ρ가 증가할 때 한계대체율은 감소한다. 효용함수에서 보듯이 ρ가 증가하면 미래소비로부터 얻는 효용이 증가한다. 현재보다는 미래가 더 중요해지므로 현재소비 한 단위를 더 얻기 위해 포기할 용의가 있는 미래소비의 크기가 감소한다.

2) $\dfrac{c_2}{\rho c_1} = 1 + r$ 과 예산식 $c_1 + \dfrac{c_2}{1+r} = y_1 + \dfrac{y_2}{1+r}$ 을 연립해 풀면

$c_1^* = \dfrac{1}{1+\rho}(y_1 + \dfrac{y_2}{1+r})$, $c_2^* = \dfrac{1+r}{1+\rho}(y_1 + \dfrac{y_2}{1+r})$ 이다.

ρ 가 증가할 때 c_1^* 는 감소하므로 저축은 증가한다.

3) 이자율이 증가할 때 c_1^* 는 감소하므로 저축은 증가한다.

4) $c_1^* = \dfrac{1}{1+\rho}(y_1 + \dfrac{y_2}{1+r})$ 이므로 y_1 가 한 단위 증가하면 c_1^* 는 $\dfrac{1}{1+\rho}$

만큼 증가한다. 또한 y_2 가 한 단위 증가하면 c_1^* 는 $\dfrac{1}{(1+\rho)(1+r)}$ 만큼

증가한다. 그러므로 y_1 과 y_2 가 동시에 한 단위씩 증가하면 c_1^* 는

$\dfrac{1}{1+\rho}(1 + \dfrac{1}{1+r})$ 만큼 증가한다. 현재 소득은 1만큼 증가하므로 저축

의 변화분은 $1 - \dfrac{1}{1+\rho}(1 + \dfrac{1}{1+r})$ 다. 따라서 $\rho > \dfrac{1}{1+r}$ 이면 저축은

증가한다. 반대로 $\rho < \dfrac{1}{1+r}$ 이면 저축은 감소한다. $\rho = \dfrac{1}{1+r}$ 이면 저

축은 변하지 않는다.

<table>
<tr><td></td><td>불확실성과 소비자 선택</td></tr>
<tr><td>제8장</td><td></td></tr>
</table>

제8장 **불확실성과 소비자 선택**

01 **1) 참:** 효용함수가 $u(w)$일 때 p와 q의 기대효용은 각각 $EU_p = u(0) \times \frac{1}{4} + u(2) \times \frac{1}{4} + u(4) \times \frac{1}{2}$, $EU_q = u(0) \times \frac{1}{3} + u(1) \times \frac{1}{4} + u(3) \times \frac{1}{12} + u(4) \times \frac{1}{3}$이다. $EU_p - EU_q = [(u(2) - u(1)] \times \frac{1}{4} + [u(4) - u(0)] \times \frac{1}{12} + [u(4) - u(3)] \times \frac{1}{6} > 0$이다.

2) 참: 위험 기피자의 효용함수가 $u(w)$일 때 p와 q의 기대효용은 각각 $EU_p = u(1) \times \frac{1}{2} + u(3) \times \frac{1}{2}$, $EU_q = u(0) \times \frac{1}{4} + u(2) \times \frac{1}{2} + u(4) \times \frac{1}{4}$이다. $EU_p - EU_q = [(u(1) - u(0)) - (u(2) - u(1))] \times \frac{1}{4} + [(u(3) - u(2)) - (u(4) - u(3))] \times \frac{1}{4}$이다. 위험 기피자이므로 한계효용은 체감하므로 현재의 소득이 높을수록 소득이 1 증가할 때 효용은 증가분은 감소한다. $u(1) - u(0) > u(2) - u(1)$, $u(3) - u(2) > u(4) - u(3)$이므로 $EU_p > EU_q$이다.

02 사업가는 옵션 1의 경우 $\frac{1}{10}$의 확률로 10억, $\frac{9}{10}$의 확률로 0을 보상으로 받는다. 옵션 2의 경우 항상 1억을 보상으로 받는다. 옵션 1의 기댓값이 1억$(0.1 \times 10 + 0.9 \times 0)$이므로 옵션 2와 같다. 그런데 이 기업은 위험 기피자이므로 같은 기댓값이면 위험이 없는 편을 선호한다. 따라서 옵션 2를 선택한다.

03 기대효용은 $E[u(X)] = \sum_{n=1}^{\infty} \frac{1}{2^n} log_{10} 2^n = log_{10} 2 \sum_{n=1}^{\infty} \frac{n}{2^n}$이다. $S = \sum_{n=1}^{\infty} \frac{n}{2^n}$ $= \frac{1}{2} + \frac{2}{2^2} + \cdots + \frac{n}{2^n} + \cdots$ 라고 하자. $\frac{S}{2} = \frac{1}{2^2} + \frac{1}{2^3} + \cdots + \frac{1}{2^n} + \cdots$ 이다. $S - \frac{S}{2} = \frac{S}{2} = \frac{1}{2} + \frac{1}{2^2} + \cdots + \frac{1}{2^n} + \cdots = 1$이므로 $S = 2$이다. 따라서 $E[u(X)]$ $= 2 log_{10} 2 = log_{10} 4$이다. 그러므로 확실성 등가는 4이다.

04 W_r은 비가 올 때 9,000원을 주므로 그 기대금액은 $0.1 \times 9,000 = 900$이다. 한편, W_n은 비가 오지 않는 경우 10원을 주므로 그 기대금액은 $0.9 \times 10 = 9$이다. 기대치가 변하지 않기 위해서는 $900 \times W_r = 9 \times W_n$이 되어야 한다. 따라서 교환비율은 W_r 한 단위당 W_n 100단위가 되어야 한다.

05 1) 소비자의 효용함수를 그려보면 다음과 같다.

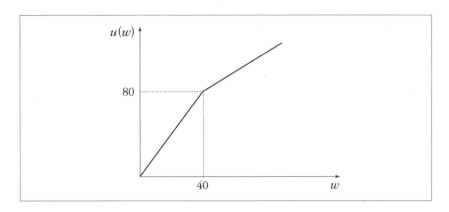

효용함수가 오목함수이므로 위험 기피적이다(엄밀히 말하면, 위험이 40 이하나 40 이상에서 발생하면 위험 중립적이다(효용함수의 직선인 부분)). 그러나 위험이 40 미만과 40 이상의 부분에 섞여 있으면 위험 기피적이다.

2) 복권을 L이라고 하면 $Eu(L) = 0.5 \times u(20) + 0.5 \times u(60) = 0.5 \times 40 + 0.5 \times 100 = 70$이므로 기대효용은 70이다.

3) 확실성 등가 $ce(L)$은 $Eu(L) = u[ce(L)]$를 만족시키는 값이다. 기대 효용이 70이므로 $2w = 70$을 풀면 확실성 등가는 35이다. 위험프리미엄은 $rp(L) = E(L) - ce(L)$이므로 $5(= 40 - 35)$이다.

06 1) 기대효용은 $\sqrt{64} \times \frac{3}{4} + \sqrt{16} \times \frac{1}{4} = 7$이다. $\sqrt{w} = 7$을 풀면 확실성 등가는 49이다. 기댓값이 $64 \times \frac{3}{4} + 16 \times \frac{1}{4} = 52$이므로 위험 프리미엄은 $52 - 49 = 3$이다.

2) $\frac{p}{C} = \alpha$라고 하면 $p - 0.25C = (\alpha - 0.25)C = 0$이어야 한다. 따라서 $\alpha = 0.25$이다.

3) 조건부상품1과 2를 각각 Brexit가 일어날 때와 일어나지 않을 때 1을 주는 상품이라고 하자. $\frac{p}{C} = \alpha$이면 보험선은 $\alpha x_1 + (1-\alpha)x_2 = 16\alpha + 64(1-\alpha)$, $x_1 \geq 16$이고 기울기는 $\frac{\alpha}{1-\alpha}$이다. 현재 이 투자자의 실물부존은 (16, 64)이고 (기대)효용함수는 $U(x_1, x_2) = 0.25\sqrt{x_1} + 0.75\sqrt{x_2}$이다. 한계대체율은 $MRS = \frac{\sqrt{x_2}}{3\sqrt{x_1}}$이므로 실물부존에서 한계대체율은 $MRS = \frac{\sqrt{64}}{3\sqrt{16}} = \frac{2}{3}$이다. 보험에 가입하지 않으려면 $\frac{\alpha}{1-\alpha} \geq \frac{2}{3}$이어야 하므로 $\alpha \geq \frac{2}{5}$이다.

4) $\alpha = \frac{1}{7}$이면 $\frac{\alpha}{1-\alpha} = \frac{1}{6}$이다. $\frac{\sqrt{x_2}}{3\sqrt{x_1}} = \frac{1}{6}$, 보험선 $x_1 + 6x_2 = 16 \times 1 + 64 \times 6 = 400$을 연립해 풀면 $x_1^* = 160$, $x_2^* = 40$이다. $x_1^* = 16 - p + C = 160$, $x_2^* = 64 - p = 40$이므로 $p = 24$. $C = 168$이다.

07 1) (기대)효용함수는 $U(x_1, x_2) = \frac{2}{3}u(x_1) + \frac{1}{3}u(x_2)$이고, $MRS = \frac{2u'(x_1)}{u'(x_2)}$이다. 소비자의 재산이 w_0일 때 x를 투자하면, $x_1 = w_0 - x + (1+r)x = w_0 + rx$, $x_2 = w_0 - x$이다. x를 소거하면, 투자선은 $x_1 + rx_2 = w_0 + rw_0$, $x_1 \geq w_0$이고, 기울기는 $\frac{1}{r}$이다. 투자를 하려면 (w_0, w_0)에서의 한계대체율이 $\frac{1}{r}$보다 커야 한다. $MRS = 2 > \frac{1}{r}$를 풀면 $r > \frac{1}{2}$이다.

2) 1)에서 $w_0 = 100$이다. 따라서 x를 투자하면 $(100, 100)$에서 $(100 + rx, 100 - x)$로 이동한다.

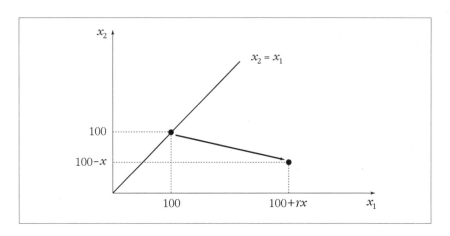

3) $U(x_1, x_2) = \dfrac{2}{3}\ln x_1 + \dfrac{1}{3}\ln x_2$이고, $MRS = \dfrac{2x_2}{x_1}$이다. $\dfrac{2x_2}{x_1} = \dfrac{1}{r}$과 투자선 $x_1 + rx_2 = w_0 + rw_0$을 연립해 풀면 $x_1^* = \dfrac{200(1+r)}{3}$, $x_2^* = \dfrac{100(1+r)}{3r}$이다. $x_2^* = 100 - x = \dfrac{100(1+r)}{3r}$이므로 $x^* = \dfrac{100(2r-1)}{3r}$이다.

4) x^*를 선택하면 투자자의 상황은 (x_1^*, x_2^*)로 표시할 수 있다. (x_1^*, x_2^*)를 지나는 무차별곡선과 $x_2 = x_1$과 만나는 점이 확실성 등가로 다음 그림에 ce로 표시되어 있다. $x_1 + 2x_2 = x_1^* + 2x_2^*$는 (x_1^*, x_2^*)와 동일한 기댓값을 갖는 소비묶음을 나타낸다. $x_1 + 2x_2 = x_1^* + 2x_2^*$와 $x_2 = x_1$과 만나는 점이 (x_1^*, x_2^*)의 기댓값으로, 다음 그림에 ex로 표시되어 있다. 따라서 위험 프리미엄은 $ex - ce$이다.

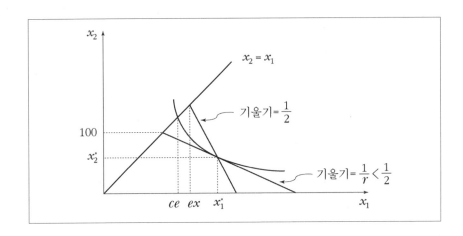

1) 현재 상황의 기대효용 $\frac{1}{2} \times \sqrt{16} + 1\frac{1}{2} \times \sqrt{4} = 3$, 불확실성의 기대치

   는 $\frac{1}{2} \times 16 + \frac{1}{2} \times 4 = 10$이다. $\sqrt{w} = 3$을 풀면 확실성 등가는 9이고,

   위험 프리미엄은 $10 - 9 = 1$이다. 기대치가 확실성 등가보다 크므로 위

   험 기피적이다.

2) 보험 구매 시 기대값의 변화분은 $0.5 \times p + 0.5 \times (p - C) = p - 0.5\,C$

   이다. 보험요율이 공정하려면 기댓값의 변화가 없어야 하므로 위 값

   이 0이 되어야 한다. 따라서 $p = 0.5\,C$이고, 따라서 $\frac{p}{C} = 0.5$이다.

3) $\frac{p}{C} = 0.5$를 이용하면, $x_1 = 16 - p$, $x_2 = 4 + p$이다. 따라서 $16 - x_1$

   $= x_2 - 4$, 즉 보험선은 $x_1 + x_2 = 20$이 된다.

4) (x_1, x_2)의 기대효용은 $U(x_1, x_2) = \dfrac{\sqrt{x_1} + \sqrt{x_2}}{2}$이다. 따라서 소비자

   는 보험선 $x_1 + x_2 = 20$상에서 기대효용을 극대화하는 소비묶음을 선

   택한다. 한계대체율이 $MRS = \dfrac{\sqrt{x_2}}{\sqrt{x_1}}$이고 $p_1 = p_2 = 1$이므로 $\dfrac{\sqrt{x_2}}{\sqrt{x_1}} = 1$

이다. $x_1 = x_2$과 $x_1 + x_2 = 20$을 연립해 풀면 $x_1 = x_2 = 10$이 되도록 보험을 선택한다. 이 때 기대효용은 $\sqrt{10}$이다. 그리고 $p = 16 - x_1$, $C = 2p$이므로 $p = 6$, $C = 12$인 보험을 선택한다.

09

1) 기대효용은 $\dfrac{1}{2} \times \ln 16 + \dfrac{1}{2} \times \ln 4 = 3 \ln 2$, 불확실성의 기대치는 $\dfrac{1}{2} \times 16 + \dfrac{1}{2} \times 4 = 10$이다. $\ln w = 3 \ln 2$를 풀면 확실성 등가는 8이고, 위험 프리미엄은 $10 - 8 = 2$이다. 위험 프리미엄이 0보다 크므로 위험 기피자이다.

2) 기대재산의 변화분은 $0.5 \times \gamma K + 0.5 \times (\gamma K - K) = (\gamma - 0.5) K$이다. 보험요율이 공정하려면 위 값이 0이 되어야 한다. 따라서 $\gamma = 0.5$이다.

3) $\gamma = 0.5$을 이용하면 $x_1 = 16 - 0.5K$, $x_2 = 4 + 0.5K$이므로 보험선은 $x_1 + x_2 = 20$이 된다.

4) 소비자의 기대효용 $U(x_1, x_2) = \dfrac{\ln x_1 + \ln x_2}{2}$이다. 따라서 소비자는 보험선 $x_1 + x_2 = 20$ 상에서 기대효용을 극대화하는 소비묶음을 선택한다. 한계대체율이 $MRS = \dfrac{x_2}{x_1}$이고 $p_1 = p_2 = 1$이므로 $x_1 = x_2$이다. 따라서 소비자는 $x_1 = x_2 = 10$이 되도록 보험을 선택한다. 이 때 기대효용은 $\ln 10$이다. 그리고 $0.5K = 16 - x_1$이므로 $\gamma = 0.5$, $K = 12$인 보험을 선택한다.

5) γ가 주어졌을 때 K를 선택할 경우 기대효용은 다음과 같다. $V(K) = \dfrac{\ln(16 - \gamma K) + \ln(4 - \gamma K + K)}{2} = \dfrac{[\ln(16 - \gamma K)(4 - \gamma K + K)]}{2}$. 따라서 $V(K)$를 극대화하는 것은 $U(K) = (16 - \gamma K)(4 - \gamma K + K) = $

$-\gamma(1-\gamma)K^2+4(4-5\gamma)K+64$를 극대화하는 것과 같다. $U(K)$가 K에 대한 2차식이므로 $U(K)$는 극대화하는 K는 $K^* = \dfrac{2(4-5\gamma)}{\gamma(1-\gamma)}$이다.

6) $K^* = \dfrac{2(4-5\gamma)}{\gamma(1-\gamma)}$를 $\Pi = rK - \dfrac{K}{2}$에 대입하면 $\Pi(\gamma) = 10 + \dfrac{3r-4}{\gamma(1-\gamma)}$를 얻는다. $\dfrac{d\Pi(\gamma)}{d\gamma} = \dfrac{(3\gamma-2)(\gamma-2)}{[\gamma(1-\gamma)]^2} = 0$을 풀면 $\gamma < 1$이어야 하므로 $\gamma = \dfrac{2}{3}$이다.

10 1) 조건부상품1과 2를 각각 1일 나오는 경우와 1이 나오지 않는 경우 1을 주는 상품이라고 하자. x를 투자하면, $x_1 = 100 - x + 6x = 100 + 5x$, $x_2 = 100 - x$이다. x를 소거하면, 투자선은 $x_1 + 5x_2 = 600$, $x_1 \geq 100$이고, 기울기는 $\dfrac{1}{5}$이다. $U(x_1, x_2) = \dfrac{1}{6}\sqrt{x_1} + \dfrac{5}{6}\sqrt{x_2}$이므로 $MRS = \dfrac{\sqrt{x_2}}{5\sqrt{x_1}}$이다. $\dfrac{\sqrt{x_2}}{5\sqrt{x_1}} = \dfrac{1}{5}$과 투자선을 연립해 풀면 $x_1^* = x_2^* = 100$, 즉 $x = 0$이다. 투자를 해도 기댓값이 불변이므로 위험 기피적인 소비자는 투자하지 않는다.

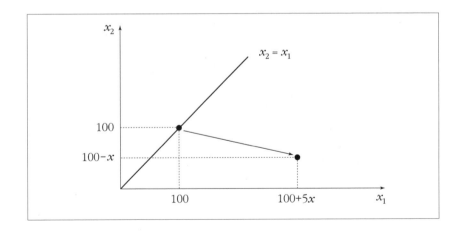

2) x를 투자하면 소비자의 상황은 $(100+5x,\ 100-x)$이다. 여기에 y만큼 보험을 들면 $x_1 = 100+5x-3y$, $x_2 = 100-x+y$이다. y를 소거하면 보험선은 $x_1 + 3x_2 = 400 + 2x$, $100+2x \le x_1 \le 100+5x$이고, 기울기는 $\frac{1}{3}$이다. $y = x$일 때 소비묶음은 A $= (100+2x,\ 100)$은 무위험선 아래 있다. 무차별곡선이 무위험선과 만나는 점에서 한계대체율은 $\frac{1}{5}$이므로 A에서의 한계대체율은 $\frac{1}{5}$보다 작다. 보험선의 기울기가 $\frac{1}{3}$이므로, 아래 그림에서 보다시피 소비자는 $y = x$인 A를 선택한다. 다음으로 x가 클수록 선택의 폭이 커지므로 소비자는 $x = 100$, 따라서 $y = 100$을 선택해 최종적으로 $(300, 100)$으로 이동한다.

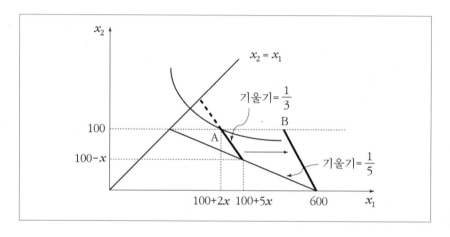

11 1) $x_1 = 100 - z + 2z = 100 + z$, $x_2 = 100 - z + \frac{z}{2} = 100 - \frac{z}{2}$이다. z를 소거하면 $x_1 + 2x_2 = 300$ $(100 \le x_1 \le 200)$을 얻는다.

2) 기대효용은 $U(x_1,\ x_2) = \pi \ln x_1 + (1-\pi)\ln x_2$이므로 한계대체율은 $MRS = \frac{\pi x_2}{(1-\pi)x_1}$이다. $z > 0$이려면 $z = 0$, 즉 $(100, 100)$에서의 한

계대체율이 $x_1 + 2x_2 = 300$의 기울기(절대값)인 $\frac{1}{2}$보다 커야 한다;

$\frac{\pi}{1-\pi} > \frac{1}{2}$. 따라서 $\pi > \frac{1}{3}$이다. $z < 100$이려면 $z = 100$, 즉 (200, 50)에서의 한계대체율이 $\frac{1}{2}$보다 작아야 한다; $\frac{\pi}{4(1-\pi)} < \frac{1}{2}$. 따라서 $\pi < \frac{2}{3}$이다.

3) $\pi = \frac{1}{2}$이므로 $MRS = \frac{x_2}{x_1} = \frac{1}{2}$과 $x_1 + 2x_2 = 300$을 연립해 풀면, $x_1 = 150$, $x_2 = 75$이다. 따라서 $z = 50$이다.

4) 투자 금액이 z_0일 때 $x_1^0 = 100 + z_0$, $x_2^0 = 100 - \frac{z_0}{2}$이다. 따라서 (p, C)를 구매하면 $x_1 = 100 + z_0 - p$, $x_2 = 100 - \frac{z_0}{2} + C - p$가 된다. 따라서 기울기는 $\frac{C-p}{p}$이다. $\frac{p}{C} = \alpha$이면 기울기는 $\frac{1}{\alpha} - 1$이다. 완전보험이려면 $x_1 = x_2$이어야 한다. $x_1 = x_2$일 때 $MRS = \frac{x_2}{x_1} = 1$이므로 $\frac{1}{\alpha} - 1 = 1$이어야 한다. 따라서 $\alpha = \frac{1}{2}$이다.

5) $\frac{p}{C} = \alpha$일 때 기울기기 $\frac{1}{\alpha} - 1$이므로 $\alpha < \frac{2}{3}$이면 $\frac{1}{\alpha} - 1 > \frac{1}{2}$이다.
아래 그림에서 보다시피 투자 금액이 커질수록 보험을 이용해서 선택할 수 있는 범위가 커진다. 따라서 프로젝트에 전액 투자한다.

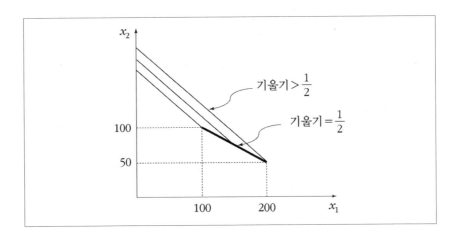

12 1) $x_1 = 120 - z + 2z = 120 + z$, $x_2 = 120 - z$이다. z를 소거하면 $x_1 + x_2 = 240$ $(120 \leq x_1 \leq 240)$을 얻는다. 기울기는 1(절댓값)이다.

2) $\pi < 1$이면 프로젝트가 실패할 확률이 0보다 크다. $z > 0$이면 $x_1 = 120 + z > x_2 = 120 - z$이다. 따라서 $U(x_1, x_2) = \min\{x_1, x_2\} = x_2 < 120$이므로 소비자는 전혀 투자하지 않는다.

3) 투자 금액이 z_0일 때 $x_1^0 = 120 + z_0$, $x_2^0 = 120 - z_0$이다. (p, C)를 구매하면 $x_1 = 120 + z_0 - p$, $x_2 = 120 - z_0 + C - p$가 된다. $\frac{p}{C} = \alpha$이면 기울기는 $\frac{1}{\alpha} - 1$이다. 보험이 없을 때의 기울기인 1보다 커야 양의 금액을 투자한다(11번 5)번 문제 참조). $\frac{1}{\alpha} - 1 > 1$이어야 하므로 $\alpha < \frac{1}{2}$이어야 한다. 이 때 11번 5)번 문제와 동일하게 소득의 전부인 120을 투자한다. 따라서 $x_1^0 = 240$, $x_2^0 = 0$이다. 다음으로 효용함수가 $U(x_1, x_2) = \min\{x_1, x_2\}$이므로 보험을 이용해 $x_1 = x_2$가 되도록 선택한다. 따라서, $240 - p = C - p$와 $\frac{p}{C} = \alpha$를 연립해 풀면 $p = 240\alpha$, $C = 240$이다.

4) $\frac{p}{C} = \alpha$인 보험을 팔 경우, $\alpha < \frac{1}{2}$일 때 소비자는 $(p = 240\alpha$, $C = 240)$인 보험을 구매한다. 보험회사는 항상 보험료를 받지만, 프로젝트가 실패할 경우만 보험금을 지불한다. 실패할 확률이 $1 - \pi$이므로 보험회사의 이윤은 $\Pi = p - (1 - \pi)C = 240\alpha - (1 - \pi)240 = (\alpha + \pi - 1)240$이다. $\Pi > 0$이려면 $\alpha > 1 - \pi$이어야 한다. 그런데 $\alpha < \frac{1}{2}$일 경우만 소비자가 보험을 구매하므로 $1 - \pi \geq \frac{1}{2}$, 즉 $\pi \leq \frac{1}{2}$이면 보험을 팔 수 없고, 따라서 이윤은 0이다. $\pi > \frac{1}{2}$일 경우, 양의 이윤을 얻는 범위는 $1 - \pi < \alpha \left(< \frac{1}{2} \right)$이다.

제**8**장	[부록] 불확실성과 소비자 선택

01　1)　실패하면 $(100-x)+0.5x=100-0.5x$, 성공하면 $(100-x)+2x=$ $100+x$을 얻는다. 따라서 기대효용은 $V(x)=\frac{1}{2}[\ln(100-0.5x)+$ $\ln(100+x)]=\dfrac{\ln[(100-0.5x)(100+x)]}{2}$이다.

　　2)　$V(x)$를 극대화하는 것은 $(100-0.5x)(100+x)$을 극대화하는 것과 동일하다. $(100-0.5x)(100+x)$는 2차함수이므로 $x=50$에서 극대화된다. 따라서 위험자산에 50을 투자한다.

02　1)　$P(x)$의 수익률은 $(10-x)+x(1+\tilde{r})=10+x\tilde{r}$이다. 따라서 기대수익은 $E[P(x)]=10+xE(\tilde{r})=10+0.5x$, 분산은 $V[P(x)]=x^2V(\tilde{r})=$ $0.1x^2$이다.

　　2)　$EU(P(X))=E[P(x)]-\frac{1}{2}V[P(x)]=(10+0.5x)-0.5(0.1x^2)=$ $-0.05x^2+0.5x+10$이다.

　　3)　$EU(P(X))=-0.05x^2+0.5x+10$은 2차함수이므로 $x=5$에서 극대화된다. 따라서 위험자산에 5를 투자한다. 이 때 기대수익은 12.5%이고 분산은 2.5이다.

03 1) $P(x)$의 수익률은 $(1+R)x+100-x=100+Rx$이다. $E(R)=0.5$, $Var(R)=1$이므로 기대수익은 $\mu(x)=100+0.5x$, 분산은 $\sigma^2(x)=x^2$이다.

2) 소비자가 당면하고 있는 불확실성을 확률변수 X로 표시하자. 기대효용은 X의 기대값이 $E(X)=\mu$, 분산이 $V(X)=\sigma^2$일 경우, 소비자의 기대효용은 $E[u(X)]=E[100X-\dfrac{X^2}{4}]=100E(X)-\dfrac{E(X^2)}{4}$이다. 모든 확률변수에 대해 $E(X^2)=V(X)+[E(X)]^2$이므로, 이를 대입하면 $E[u(X)]=E[100X-\dfrac{X^2}{4}]=100E(X)-\dfrac{[E(X)]^2}{4}-\dfrac{V(X)}{4}$이다.

$P(x)$의 기대수익은 $\mu(x)=100+0.5x$, 분산은 $\sigma^2(x)=x^2$이므로, 이를 대입하면 기대효용은 $EU(x)=100(100+0.5x)-\dfrac{(100+0.5x)^2}{4}-\dfrac{x^2}{4}=7500+25x-\dfrac{5x^2}{16}$이다.

3) $EU(x)=7500+25x-\dfrac{5x^2}{16}$는 x의 2차식으로 $x=40$에서 극대화된다. 이때 기대수익과 분산은 각각 $\mu(40)=100+0.5\times40=120$, $\sigma^2(40)=40^2=1600$이다.

제**9**장   행동 경제학

01 1) $1-p$의 확률로 사고가 안나면 $\dfrac{y}{2}$를 손해본다. p의 확률로 사고가 나면 $\dfrac{1}{2}$ 확률로 $\dfrac{y}{2}$를 더 내고 x를 보상받으므로 $x-y$이다. 또한 $\dfrac{1}{2}$의 확률로 $\dfrac{y}{2}$를 돌려받는 대신 본인이 손해 전액을 담당하므로 $-x$이다. 따라서 보험의 기댓값은 $(1-p)\dfrac{y}{2}+\dfrac{p}{2}(x-y)+\dfrac{p}{2}(-x)=\dfrac{(1-2p)y}{2}$ 이다.

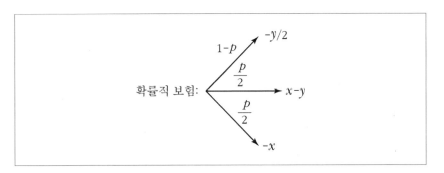

2) $(1-p)u(w)+pu(w-x)=u(w-y)$이다. 기대효용이론에서는 u나 $au+b(a>0)$을 사용해도 결과는 동일하다. 따라서 a, b를 적절히 선택해 $u(w)=1$, $u(w-x)=0$으로 놓아도 상관없다. 그러면 $u(w-y)=1-p$이다. 확률적 보험을 구입할 때의 기대효용은 $(1-p)u(w-\dfrac{y}{2})+\dfrac{p}{2}u(w-y)+\dfrac{p}{2}u(w-x)=(1-p)u(w-\dfrac{y}{2})+\dfrac{p}{2}(1-p)$이다.

$(1-p)u(w-\dfrac{y}{2})+\dfrac{p}{2}(1-p)>u(w-y)=1-p$는 $u(w-\dfrac{y}{2})>1-$

$\frac{p}{2}$와 동일한 조건이다. 위험 기피자이므로 $u(\frac{w-y}{2}) = u\left[\frac{1}{2}w\right.$

$\left. + \frac{1}{2}(w-y)\right] > \frac{1}{2}u(w) + \frac{1}{2}u(w-y) = \frac{1}{2} + \frac{1}{2}(1-p) = 1 - \frac{p}{2}$ 이 다 .

따라서 소비자는 반드시 확률적 보험에 가입해야 한다.

3) 본 결과를 위해 $\pi(p) + \pi(1-p) = 1$이라는 추가적 가정이 필요하다. $x \geq 0$일 때 $f(x) = -v(-x) \geq 0$라고 하자. 가치함수가 손실 영역에서 강볼록함수라고 가정했으므로 $f(\cdot)$은 강오목함수이다. 현재의 전망 $q_1 = (-x, p)$이 $q_2 = (-y)$와 무차별하므로 $V(q_1) = \pi(p)v(-x) = V(q_2) = v(-y)$이다. 이를 $f(\cdot)$로 표시하면 $\pi(p)f(x) = f(y)$이다. 확률적 보험은 $q_3 = (-x, \frac{p}{2}; -y, \frac{p}{2}; -\frac{y}{2}, \frac{p}{2})$

이므로 $-V(q_3) = \pi\left(\frac{p}{2}\right)f(x) + \pi\left(\frac{p}{2}\right)f(y) + \pi(1-p)f\left(\frac{y}{2}\right) = \pi\left(\frac{p}{2}\right)f(x)$

$+ \pi\left(\frac{p}{2}\right)f(y) + (1-\pi(p))f\left(\frac{y}{2}\right)$이다. $\pi(p)f(x) = f(y)$일 때 $\pi\left(\frac{p}{2}\right)f(x)$

$+ \pi\left(\frac{p}{2}\right)f(y) + (1-\pi(p))f\left(\frac{y}{2}\right) > f(y)$임을 보이면 된다. $f(\cdot)$가 강오

목함수이므로 $f\left(\frac{y}{2}\right) > \frac{f(y)}{2}$이고, 준가법성에 의해 $\pi(p) \leq 2\pi\left(\frac{p}{2}\right)$이므

로 $\pi\left(\frac{p}{2}\right)f(x) + \pi\left(\frac{p}{2}\right)f(y) + (1-\pi(p))f\left(\frac{y}{2}\right) > \pi\left(\frac{p}{2}\right)f(x) + \pi\left(\frac{p}{2}\right)f(y)$

$+ (1-2\pi\left(\frac{p}{2}\right))\frac{f(y)}{2}$이다. $f(x) = \frac{f(y)}{\pi(p)}$를 좌변에 대입하면 $[\pi\left(\frac{p}{2}\right)$

$\frac{f(y)}{\pi(p)}] + \pi\left(\frac{p}{2}\right)f(y) + [(1-2\pi\left(\frac{p}{2}\right))\frac{f(y)}{2}] \geq f(y)$일 조건은 $\left[\dfrac{\pi(\frac{p}{2})}{\pi(p)}\right]$

$+ \left(\frac{1}{2}\right) \geq 1$이다. $\frac{\pi(p)}{2} \leq \pi\left(\frac{p}{2}\right)$이므로 $\left[\dfrac{\pi\left(\frac{p}{2}\right)}{\pi(p)}\right] + \frac{1}{2} \geq 1$이다. 따라서

확률적 보험이 원래의 보험보다 더 선호된다.

02 1) 저녁 식사비 $225는 이들 부부의 외식비 항목에 할당된 예산을 초과하므로 사용할 수 없었다. 이제 $300의 보상금을 받았으므로 외식비 항목의 예산을 초과하지 않고 저녁을 먹을 수 있다.

2) A는 카드 게임에서 $50을 따고 있으므로 오락비 항목에서 예산이 $50 증가한 셈이다. 따라서 $10을 잃어도 오락비 예산을 초과하지 않는다. 반면에 B도 주식을 통해 $50을 벌었지만, 오락비 예산이 증가한 것은 아니다. $10을 잃어 오락비 예산을 초과하면 킹 플러쉬를 가지고도 베팅을 하지 않을 수 있다.

3) 10% 수익률을 얻기 위해 15%의 비용을 지불하는 것은 합리적이지 않다. 그러나 A씨 부부는 일단 별장 마련을 위한 항목에서 $11,000을 지불하면, 다시 이 항목에 동일한 금액을 채워 넣기 힘들 것이라고 생각할 수 있다. 따라서 이 같은 결과를 피하기 위해 별도로 융자를 받아 자동차를 구입했다.

4) 공동 계좌이므로 사실은 부인이 사나 본인이 사나 결과는 동일하다. 그러나 심적 회계 측면에서 캐시미어 스웨트는 A씨에게 의복비 예산을 초과하는 금단의 열매이다. 따라서 스스로 살 수 없으므로 비록 공동 계좌에서 논이 지출되었다고 하더라도 본인은 선물로 받은 것이므로 의복비 예산을 초과하지 않았다고 생각한다.

03 자신이 쌍곡선적 할인을 한다는 것을 인지하면 비록 두 봉지를 구매해 두 번에 나누어 먹을 생각이었으나, 소비 단계에서 한 번에 다 소비하는 최악의 선택을 한다는 것을 인식한다. 따라서 처음부터 한 봉지만을 구매한다.

04

1) 현재를 기준으로 할인 가치를 구하면 $U_A = 20$, $U_B = 40\beta\delta$, $U_C = 60\beta\delta^2$ 이다.

A가 선택되는 영역: $20 \geq 40\beta\delta$ => $\beta \leq \dfrac{1}{2\delta}$ 그리고 $20 \geq 60\beta\delta^2$ =>

$\beta \leq \dfrac{1}{3\delta^2}$

B가 선택되는 영역: $20 \leq 40\beta\delta$ => $\beta \geq \dfrac{1}{2\delta}$ 그리고 $40\beta\delta \geq 60\beta\delta^2$ =>

$\delta \leq \dfrac{2}{3}$

C가 선택되는 영역: 나머지 영역

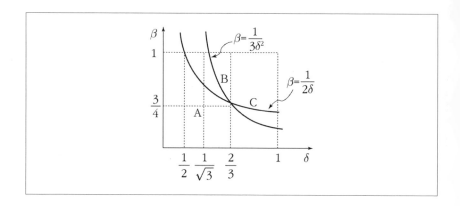

2) $U_B = 40\beta\delta = \dfrac{64}{3}$, $U_C = 60\beta\delta^2 = \dfrac{192}{9}$ 이므로 B와 C 모두 최선의 선택이다.

3) 1주 후에 B와 C의 할인 가치는 $U_B = 40$, $U_C = 60\beta\delta = 32$가 되어 B 가 최선의 선택이다.

제11장 생산기술

01 $q = AL^a K^b$인 콥−더글러스 생산함수를 생각하자. $a < 1$, $b < 1$이면 노동과 자본의 한계생산 모두 체감한다. 그러나 $a + b > 1$이면 규모에 대한 보수 체증이다. 따라서 위 문장은 거짓이다.

02 생산초기에는 분업과 고정요소가 효율적으로 사용되어 한계생산이 체증하지만, 결과적으로 고정된 생산요소가 병목으로 작용해 궁극적으로 한계생산이 체감하게 된다. 따라서 단기 생산함수는 S자 형태를 띤다.

03 1) $MP_L = K - \dfrac{2}{5}L$, $MP_K = L - \dfrac{8}{5}K$

2) $MRTS = \dfrac{MP_L}{MP_K} = \dfrac{5K - 2L}{5L - 8K}$이다. L이 증가할수록 등량곡선을 따라 K가 감소하므로 분자 $5K - 2L$가 감소하며, 분모 $5L - 8K$는 증가한다. 따라서 $MRTS$는 체감한다.

3) 단기생산함수는 $q = -80 + 10L - \dfrac{1}{5}L^2$이다. 따라서 평균생산 $AP_L = 10 - (\dfrac{80}{L} + \dfrac{L}{5})$이다. $\dfrac{80}{L} + \dfrac{L}{5}$은 $\dfrac{80}{L} = \dfrac{L}{5}$일 때 극소화된다. 따라서

$L = 20$일 때 평균생산이 극대화되며, 이 때 산출량은 40이다.

4) $MP_L = 10 - \dfrac{2}{5}L$

5)

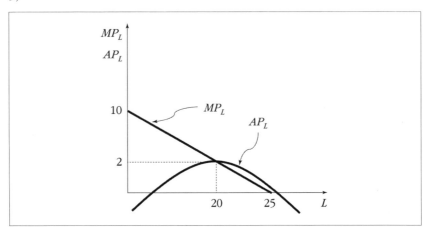

6) 단기생산함수는 $q = -320 + 20L - \dfrac{1}{5}L^2$이다. 따라서 평균생산은 $AP_L = 20 - (\dfrac{320}{L} + \dfrac{L}{5})$이다. $\dfrac{320}{L} + \dfrac{L}{5}$은 $\dfrac{320}{L} = \dfrac{L}{5}$일 때 극소화된다.

따라서 $L = 40$일 때 평균생산이 극대화되며, 이 때 산출량은 160이다.

한계생산은 $MP_L = 20 - \dfrac{2}{5}L$. 그리고 그래프로 나타내면 다음과 같다.

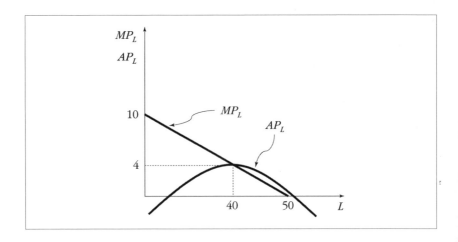

04 1) $MP_L = MP_K = \dfrac{1}{2\sqrt{L+K}}$ 이므로 $MRTS = 1$이다.

2) 기술적 한계대체율이 항상 1이므로 기울기가 (-1)인 직선이다.

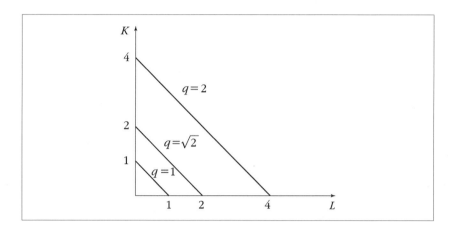

3) 1보다 큰 t에 대해 $\sqrt{tL+tK} = \sqrt{t}\sqrt{L+K} < t\sqrt{L+K}$이므로 규모에 대한 보수체감이다.

4) $\sqrt{tL+tK} = \sqrt{t}\sqrt{L+K}$ 이므로 동차함수이고 차수는 0.5이다.

05

1)

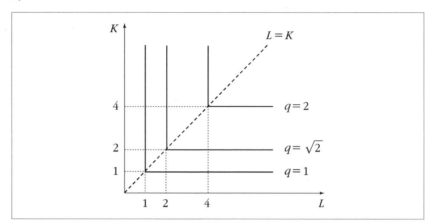

2) 1보다 큰 t에 대해 $\sqrt{\min(tL, tK)} = \sqrt{t \min(L, K)} = \sqrt{t}\sqrt{\min(L, K)}$ $< t\sqrt{\min(L, K)}$ 이므로 규모에 대한 보수체감이다.

3) $\sqrt{\min(tL, tK)} = \sqrt{t}\sqrt{\min(L, K)}$ 이므로 동차함수이고 차수는 0.5 이다.

06

1) $MP_L = 0.5\, aL^{\rho - 1}[aL^\rho + bK^\rho]^{\frac{1}{2\rho} - 1}$,

$MP_K = 0.5\, bK^{\rho - 1}[aL^\rho + bK^\rho]^{\frac{1}{2\rho} - 1}$ 이므로 $MRTS = \dfrac{a}{b}\left(\dfrac{K}{L}\right)^{1 - \rho}$ 이다.

2) 위에서 구한 $MRTS$와 $\dfrac{d\left(\dfrac{K}{L}\right)}{dMRTS} = \dfrac{b}{a(1 - \rho)}\left(\dfrac{K}{L}\right)^\rho$ 이용하면 대체탄력

성은 $\sigma = \dfrac{d\left(\dfrac{K}{L}\right)}{dMRTS}\dfrac{MRTS}{\left(\dfrac{K}{L}\right)} = \dfrac{1}{1 - \rho}$ 이다.

3) 1보다 큰 t에 대해 $[a(tL)^\rho + b(tK)^\rho]^{\frac{1}{2\rho}} = t^{\frac{1}{2}}[aL^\rho + bK^\rho]^{\frac{1}{2\rho}} <$ $t[aL^\rho + bK^\rho]^{\frac{1}{2\rho}}$ 이므로 규모에 대한 보수체감이다.

4) $[a(tL)^\rho + b(tK)^\rho]^{\frac{1}{2\rho}} = \sqrt{t}[aL^\rho + bK^\rho]^{\frac{1}{2\rho}}$ 이므로 동차함수이며 차수 는 0.5이다.

07

1) (1) $q = aL + bK$: $MP_L = a$, $AP_L = a + b\dfrac{K}{L}$ 이므로 $e_L = \dfrac{aL}{aL + bK}$ 이다.

(2) $q = (aL + bK)^2$: $MP_L = 2a(aL + bK)$, $AP_L = \dfrac{(aL+bK)^2}{L}$ 이므 로 $e_L = \dfrac{2aL}{aL + bK}$ 이다.

(3) $q = L^a K^b$: $MP_L = aL^{a-1}K^b$, $AP_L = L^{a-1}K^b$ 이므로 $e_L = a$ 이다.

(4) $q = [aL^\rho + bK^\rho]^{\frac{1}{\rho}}$: $MP_L = aL^{\rho-1}[aL^\rho + bK^\rho]^{\frac{1}{\rho}-1}$,

$AP_L = [aL^\rho + bK^\rho]^{\frac{1}{\rho}}/L$ 이므로 $e_L = \dfrac{aL^\rho}{[aL^\rho + bK^\rho]}$ 이다.

2) (1) $MP_K = b$, $AP_K = a\dfrac{L}{K} + b$ 이므로 $e_K = \dfrac{bK}{aL + bK}$ 이다.

(2) $MP_K = 2b(aL + bK)$, $AP_K = \dfrac{(aL+bK)^2}{K}$ 이므로 $e_K = \dfrac{2bK}{aL + bK}$ 이다.

(3) $MP_K = bL^a K^{b-1}$, $AP_K = L^a K^{b-1}$ 이므로 $e_K = b$ 이다.

(4) $MP_K = bK^{\rho-1}[aL^\rho + bK^\rho]^{\frac{1}{\rho}-1}$, $AP_K = [aL^\rho + bK^\rho]^{\frac{1}{\rho}}/K$ 이므로 $e_K = \dfrac{bK^\rho}{[aL^\rho + bK^\rho]}$ 이다.

3) 규모의 탄력성은 노동과 자본의 산출탄력성의 합이다.

(1) 1 (2) 2 (3) $a+b$ (4) 1

08

1) $F(tL, tK) = At^2 \left[\dfrac{LK}{(1+t^2 LK)} \right]$ 이므로 $t^r A \left[\dfrac{LK}{(1+LK)} \right]$ 이 아니다.

따라서 동차함수는 아니다.

2) $MP_L = \dfrac{\partial q}{\partial L} = \dfrac{AK}{(1+LK)^2}$, $MP_K = \dfrac{\partial q}{\partial K} = \dfrac{AL}{(1+LK)^2}$ 이므로 규모의

탄력성은 $\eta(L, K) = \left(\dfrac{\partial q}{\partial L} \right)\left(\dfrac{L}{q} \right) + \left(\dfrac{\partial q}{\partial K} \right)\left(\dfrac{K}{q} \right) = \dfrac{2}{(1+LK)}$ 이다.

$q = \dfrac{ALK}{(1+LK)}$ 이므로 LK에 대해 풀면 $LK = \dfrac{q}{(A-q)}$ 이다. 따라서

$\eta(q) = \dfrac{2}{(1+LK)} = \dfrac{2(A-q)}{A}$ 이다.

09 자본확장적 기술진보는 MP_K를 MP_L보다 더 크게 증가시키는 기술진보
이므로 기술적 한계대체율은 감소한다. 반면에 노동확장적 기술진보는
MP_L를 MP_K보다 더 크게 증가시키는 기술진보이므로 기술적 한계대체
율을 감소시킨다. $F(L, K : t_0) = q_0$와 $F(L, K : t_1) = q_1$은 t_0과 t_1시점(t_0
$< t_1$)에서 (L_0, K_0)를 지나는 등량곡선이다. $t_1 > t_0$이므로 $q_1 > q_0$이다.
자본확장적 기술진보의 경우, t_1시점에서 (L_0, K_0)을 지나는 등량곡선이
t_0시점에서 (L_0, K_0)을 지나는 등량곡선보다 완만하다. 노동확장적 기술
진보의 경우 반대로 가파르다.

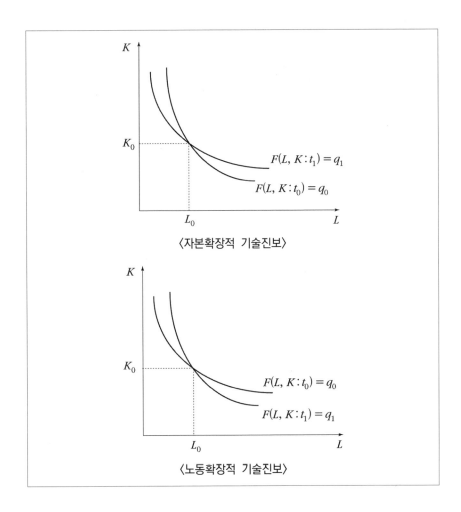

$$F(L, K : t_1) = q_1$$
$$F(L, K : t_0) = q_0$$

〈자본확장적 기술진보〉

$$F(L, K : t_0) = q_0$$
$$F(L, K : t_1) = q_1$$

〈노동확장적 기술진보〉

제**12**장 　비용이론

01 　1) 티켓 가격 5만원과 포기해야 하는 아르바이트 수입 4만원을 더한 9만원이 기회비용이다.

　　2) 티켓 가격 5만원 매몰비용이다. 따라서 이 상황에서 콘서트의 기회비용은 4만원이다. 편익이 6만원이므로 콘서트에 가야 한다.

　　3) x%를 환불받을 수 있으면 콘서트의 기회비용은 5만원$\times \dfrac{x}{100}+4$만원이다. 따라서 5만원$\times \dfrac{x}{100}+4$만원≥ 6만원, 즉 $x \geq 40$이면 콘서트를 포기하고 아르바이트를 선택한다.

02 　1) 2017년 초에는 아무런 비용도 지출하지 않았으므로 매몰비용은 0이다. 그러나 2018년 초에는 이전까지 지불한 개발비용 2억원이 매몰비용이다.

　　2) 이미 지불한 2억원은 매몰비용이므로 고려하면 안 된다. 수입이 1억원 이상이면 추가적으로 요청한 금액을 승인한다.

　　3) 매몰비용이 없고 비용이 2억원이므로 수입이 2억원 이상이라고 생각했다.

03 출판사가 옳다. SAC곡선의 최저점에서 기울기는 0이다. 그러나 LAC곡선의 경우 최저점에서만 기울기가 0이다. 산출량이 최저점보다 작으면 LAC곡선의 기울기는 (−)이고, 최저점보다 크면 (+)이다. 그러므로 LAC곡선의 최저점을 제외하고는 SAC곡선의 최저점이 LAC곡선과 접하는 것은 불가능하다.

04 1) 300페이지가 되려면 총 90,000시간이 필요하다. 따라서 김교수는 100시간을 투입해야 한다. 한편, 900페이지인 경우 총 810,000시간이 필요하고 이 때 김교수는 900시간을 저술에 사용해야 한다.

2) 왕교수가 투입한 시간은 고정되어 있으므로 단기생산함수는 $q = 30\sqrt{L_k}$ 이다. 따라서 노동의 단기조건부요소수요함수는 $L_k^* = \dfrac{q^2}{900}$ 이다. 단기비용함수는 $C(q) = \left(\dfrac{q^2}{900}\right) + 900$ (단위: 만원)이다. 가변비용은 $VC = \dfrac{q^2}{900}$, 평균가변비용은 $AVC = \dfrac{q}{900}$, 한계비용은 $MC = \dfrac{q}{450}$ 이다.

05 1) 콥−더글러스 생산함수는 $a+b$ 차 동차함수이다. 따라서 규모에 대한 보수 체증이 되려면 $a+b > 1$이어야 한다.

2) $MRTS = \dfrac{aK}{bL} = \dfrac{w}{r} = 1$과 $L^a K^b = q$를 연립해 풀면 $L^* = \left(\dfrac{a}{b}\right)^{\frac{b}{a+b}} q^{\frac{1}{a+b}}$, $K^* = \left(\dfrac{b}{a}\right)^{\frac{a}{a+b}} q^{\frac{1}{a+b}}$ 이다.

3) 장기비용함수는 $L^* + K^*$이므로 $C(q) = \left[\left(\dfrac{a}{b}\right)^{\frac{b}{a+b}} + \left(\dfrac{b}{a}\right)^{\frac{a}{a+b}}\right] q^{\frac{1}{a+b}}$이다.

평균비용은 $AC(q) = \left[\left(\dfrac{a}{b}\right)^{\frac{b}{a+b}} + \left(\dfrac{b}{a}\right)^{\frac{a}{a+b}}\right] q^{\frac{1}{a+b}-1}$, 한계비용은 $MC(q)$

$= \dfrac{1}{a+b}\left[\left(\dfrac{a}{b}\right)^{\frac{b}{a+b}} + \left(\dfrac{b}{a}\right)^{\frac{a}{a+b}}\right] q^{\frac{1}{a+b}-1}$이다.

4) 규모의 경제가 성립하려면 산출량 q가 증가함에 따라 평균비용 $AC(q)$가 감소해야 한다.

즉, $\dfrac{dAC(q)}{dq} = \left(\dfrac{1}{a+b}-1\right)\left[\left(\dfrac{a}{b}\right)^{\frac{b}{a+b}} + \left(\dfrac{b}{a}\right)^{\frac{a}{a+b}}\right] q^{\frac{1}{a+b}-1} < 0$이어야

한다. 따라서 $\dfrac{1}{a+b} < 1$, 즉 $a+b > 1$이어야 한다.

06 1) 단기생산함수는 $F(L, \overline{K}) = q = \sqrt{L\overline{K}}$ 이므로, 노동의 단기조건부요소수요함수는 $L^* = \dfrac{q^2}{\overline{K}}$ 이다. 따라서 단기비용함수는 $C(q) = \dfrac{q^2}{\overline{K}} + \overline{K}$이다.

그리고 평균비용은 $AC(q) = \dfrac{q}{\overline{K}} + \dfrac{\overline{K}}{q}$, 평균고정비용은 $AFC(q) = \dfrac{\overline{K}}{q}$,

평균가변비용은 $AVC(q) = \dfrac{q}{\overline{K}}$, 그리고 한계비용은 $MC(q) = \dfrac{2q}{\overline{K}}$이다.

2) 먼저 $K \geq 1$이라는 제약조건이 없는 경우의 장기비용극소화 문제를 풀어보자. $MP_L = \dfrac{\sqrt{K}}{2\sqrt{L}}$, $MP_K = \dfrac{\sqrt{L}}{2\sqrt{K}}$이므로 $MRTS = \dfrac{K}{L}$이다. $MRTS = 1$과 $q = \sqrt{LK}$를 연립해 풀면 $L^* = K^* = q$이다. 그런데 $q < 1$이면 $K^* = q < 1$이므로 제약조건에 위반된다. 그러므로 $q < 1$일 경우, 제약조건을 충족하려면 $K^* = 1$, $L^* = q^2$이어야 한다. 이 경우 장기비용함수는 $C = q^2 + 1$이다. $q \geq 1$이면 $K^* = q \geq 1$이므로

제약조건을 충족한다. 따라서 $L^* = K^* = q$이 장기조건부요소수요함수이다. 이 경우 장기비용함수는 $C = 2q$이다. 정리하면 다음과 같다: $q = 0$이면 $C = 0$, $0 < q < 1$이면 $C = q^2 + 1$, $q \geq 1$이면 $C = 2q$. 따라서 준고정비용은 1이다. $q < 1$이면 $AC = q + \dfrac{1}{q}$, $MC = 2q$, $q \geq 1$이면 $AC = MC = 2$이다.

07 1) 공장 1은 $F(tL, tK) = (tL)^{\frac{1}{3}} (tK)^{\frac{2}{3}} = tL^{\frac{1}{3}} K^{\frac{2}{3}}$이므로 1차 동차이고 규모에 대한 보수 불변이다. 공장 2는 $F(tL, tK) = 4\min\{\sqrt{tL}, \sqrt{tK}\} = t^{\frac{1}{2}}(4\min\{\sqrt{tL}, \sqrt{tK}\})$이므로 $\dfrac{1}{2}$차 동차이고, 규모에 대한 보수 체감이다.

2) 공장 1 생산함수의 기술적 한계대체율은 $MRTS = \dfrac{K}{2L}$이므로 $\dfrac{K}{2L} = \dfrac{w}{r} = \dfrac{1}{2}$와 $q = L^{\frac{1}{3}} K^{\frac{2}{3}}$를 연립해 풀면 $L^* = K^* = q$이다. 따라서 장기비용함수는 $C_1(q) = 1 \times L^* + 2 \times K^* = 3q$이다. 공장 2에서도 $L = K$이어야 한다. 이를 $q = 4\min\{\sqrt{L}, \sqrt{K}\}$과 연립해 풀면 $L^* = K^* = \dfrac{q^2}{16}$이다. 따라서 장기비용함수는 $C_2(q) = 1 \times L^* + 2 \times K^* = \dfrac{3q^2}{16}$이다.

3) $MC_1(q) = 3$, $MC_2(q) = \dfrac{3q}{8}$이다. $MC_1 = MC_2$를 풀면 $q = 8$이다. $q \leq 8$이면 $MC_2 \leq MC_1$이므로 공장 2에서만 생산한다. $q > 8$이면 공장 2에서 8, 공장 1에서 $q - 8$을 생산하면 $MC_1 = MC_2$가 성립해 비용이 극소화된다.

따라서 비용함수는 $q \leq 8$이면 $C(q) = C_2(q) = \dfrac{3q^2}{16}$이고, 한계비용은 $MC(q) = \dfrac{3q}{8}$이다. $q > 8$이면 $C(q) = C_1(q-8) + C_2(8) = 3q - 18$이고, 한계비용은 $MC(q) = 3$이다.

08
1) $F(tL, tK) = \min\left\{\sqrt{(tx_1)(tx_2)}, \ \sqrt{tx_3}\right\} = \min\left\{t\sqrt{x_1 x_2}, \ t^{\frac{1}{2}}\sqrt{x_3}\right\}$ 이므로 동차함수가 아니다.

2) $t > 1$이면 $t^{\frac{1}{2}} < t$이므로 $F(tL, tK) = \min\left\{t\sqrt{x_1 x_2}, \ t^{\frac{1}{2}}\sqrt{x_3}\right\} \leq t\min\left\{\sqrt{x_1 x_2}, \ \sqrt{x_3}\right\}$이다. 따라서 규모에 대한 보수 체감이다.

3) x_3가 $\overline{x_3}$이므로 $q \leq \sqrt{\overline{x_3}}$이다. $\sqrt{x_1 x_2} \leq \sqrt{\overline{x_3}}$인 범위에서 $q = \sqrt{x_1 x_2}$이므로 $MRTS = \dfrac{x_2}{x_1}$이다. $\dfrac{x_2}{x_1} = 1$과 $q = \sqrt{x_1 x_2}$를 연립해 풀면 단기 조건부요소수요는 $x_1^* = x_2^* = q$, 단기비용함수는 $C_s(q) = x_1^* + x_2^* + \overline{x_3} = 2q + \overline{x_3}\ (q \leq \sqrt{\overline{x_3}})$, 단기평균가변비용은 $SAVC = 2$, 단기평균비용은 $SAC = 2 + \dfrac{\overline{x_3}}{q}$이다.

4) 장기에서는 $\sqrt{x_1 x_2} = \sqrt{x_3} = q$, 즉 $x_1 x_2 = x_3 = q^2$가 되도록 생산한다. 3)에서 $\sqrt{x_1 x_2} = q$일 때 비용 극소화는 $x_1^* = x_2^* = q$에서 달성됨을 보았다. 따라서 장기조건부요소수요는 $x_1^* = x_2^* = q$, $x_3^* = q^2$이고, 장기비용함수는 $C(q) = 2q + q^2$, 장기평균비용은 $LAC = 2 + q$, 장기한계비용은 $LMC = 2 + 2q$이다. q가 증가할 때 LAC가 증가하므로 규모의 불경제이다.

09 1) $MRTS = 1$이므로, $w < r$이면 $L^* = q^2$, $K^* = 0$. $w > r$이면 $L^* = 0$, $K^* = q^2$이다. $w = r$이면 $L^* + K^* = q^2$을 만족하는 모든 (L^*, K^*)가 장기비용을 극소화한다.

    2) 장기비용함수는 $wL^* + rK^*$이므로, $C(q, w, r) = \min(w, r) q^2$이다.

    3) $AC(q, w, r) = \min(w, r) q$이므로 산출량이 증가할 때 평균비용도 증가한다. 따라서 규모의 불경제이다.

10 1) $4 + 4q^2 = 12 + 2q^2$을 풀면 $q = 2$이다. $12 + 2q^2 = 28 + q^2$을 풀면 $q = 4$이다.

    장기비용함수: $0 \le q \le 2$, $C(q) = 4 + 4q^2$,

    $2 \le q \le 4$, $C(q) = 12 + 2q^2$, $q \ge 4$, $C(q) = 28 + q^2$.

    장기한계비용함수: $0 \le q < 2$, $LMC(q) = 8q$,

    $2 < q < 4$, $LMC(q) = 4q$, $q > 4$, $LMC(q) = 2q$.

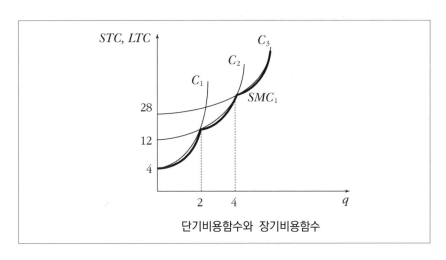

단기비용함수와 장기비용함수

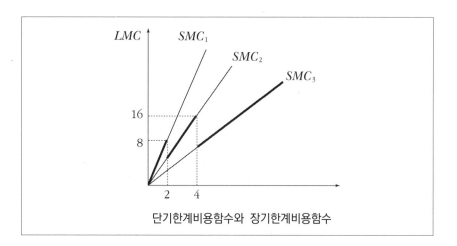

단기한계비용함수와 장기한계비용함수

2) 그림에서 보다시피 $p = 20$이면 장기에서 C_3를 선택하므로 $LMC(q)$ $= 2q$이다. $2q = 10$을 풀면 $q = 10$이고, 장기이윤은 $20 \times 10 - (28 + 10^2) = 72$이다.

3) 2)에서 선택된 단기비용함수는 $C_3(q) = 28 + q^2$이므로 $SMC(q) = 2q$ 이다. $2q = 4$를 풀면 $q = 2$이다. 그림에서 보다시피 $p = 4$일 때, 장기 에서 생산한다면 C_1를 선택하므로 $LMC = 8q$이다. $8q = 4$를 풀면 $q = 1/2$이다. 이때 이윤은 $4 \times (1/2) - [28 + (1/2)^2] < 0$이다. 따라서 장기에서는 생산하지 않는다.

11 1) 규모의 탄력성 = 노동의 산출탄력성 + 자본의 산출탄력성이므로 규모 의 탄력성은 $1.2(= 0.4 + 0.8)$이다.

2) 노동의 산출탄력성은 $e_L = \dfrac{MP_L}{AP_L}$이다. 장기비용극소화가 달성되면

$MP_L = \dfrac{w}{LMC}$, $AP_L = \dfrac{q}{L^*}$이므로 이를 대입하여 정리하면 $e_L =$

$\dfrac{wL}{q \times LMC}$이다. 규모의 탄력성은 $\eta = \dfrac{LAC}{LMC}$이므로 $\dfrac{e_L}{\eta} = \dfrac{wL^*}{q \times LAC}$

인데 $q \times LAC = C$이므로 $\dfrac{e_L}{\eta}$는 다름 아닌 전체 비용 중에서 노동비용이 차지하는 비중을 나타낸다. $e_L = 0.4$, $\eta = 1.2$이므로 전체 비용 중에서 노동비용이 차지하는 비중은 0.3이다.

12

1) 단기에서 x_3가 $\overline{x_3}$로 고정되어 있는 단기생산함수는 $q = Ax_1^{\frac{1}{4}} x_2^{\frac{1}{4}}$, $A = (\overline{x_3})^{\frac{1}{2}}$인 콥－더글러스 생산함수이다. $MRTS = \dfrac{x_2}{x_1} = 1$과

$q = Ax_1^{\frac{1}{4}} x_2^{\frac{1}{4}}$를 연립해 풀면, $x_{1s}^* = x_{2s}^* = (\overline{x_3})^{-1} q^2$이다.

2) $C_s(q; \overline{x_3}) = \dfrac{(x_1 + x_2)}{2} + (w\overline{x_3}) = (\overline{x_3})^{-1} q^2 + w\overline{x_3}$,

$SVC = (\overline{x_3})^{-1} q^2$,

$FC = w\overline{x_3}$, $SAVC = (\overline{x_3})^{-1} q$, $SAV = (\overline{x_3})^{-1} q + \left(\dfrac{w\overline{x_3}}{q} \right)$.

3) 단기비용함수 $C_s(q; \overline{x_3}) = (\overline{x_3})^{-1} q^2 + w\overline{x_3}$는 x_3가 $\overline{x_3}$로 고정되어 있는 경우, x_1과 x_2에 대해 이미 비용극소화가 이루어진 것이다. 장기비용함수를 구하려면 단기비용함수를 $\overline{x_3}$에 대해 극소화하면 된다. 이를 위해 단기비용함수를 $\overline{x_3}$에 대해서 미분하여 0으로 놓고, $\overline{x_3}$에 대해서 풀면 다음과 같다. $dC_s(q; \overline{x_3})/d\overline{x} = -(\overline{x_3})^{-2} q^2 + w = 0$ => $x_3^* = \dfrac{q}{\sqrt{w}}$이다. 따라서 장기비용함수는 $C(q) = \sqrt{w}\, q + w(\dfrac{q}{\sqrt{w}})$ $= 2\sqrt{w}\, q$이다. $LAC = LMC = 2\sqrt{w}$이다.

* 생산함수가 x_1, x_2, x_3에 대해서 1차 동차이므로, 규모에 대한 보수 불변이다. 따라서 장기평균비용＝장기한계비용이 성립하고, 상수이다.

13 1) $q = \dfrac{ALK}{1+LK}$ 이므로 $MP_L = \dfrac{AK}{(1+LK)^2}$, $MP_K = \dfrac{AL}{(1+LK)^2}$ 이므로

$MRTS = \dfrac{K}{L}$ 이다. $\dfrac{K}{L} = \dfrac{w}{r}$ 과 $q = \dfrac{ALK}{1+LK}$ 를 연립해 풀면 장기조건

부요소수요는 $L^* = \sqrt{\dfrac{rq}{w(A-q)}}$, $K^* = \sqrt{\dfrac{wq}{r(A-q)}}$ 이고, 장기비용

함수는 $C(q,w,r) = wL^* + rK^* = 2\sqrt{\dfrac{wrq}{A-q}}$ 이다.

3) $LAC = 2\sqrt{\dfrac{wr}{(A-q)q}}$, $LMC = A\sqrt{\dfrac{wr}{(A-q)^3 q}}$ 이다. $\eta = \dfrac{2(A-q)}{A}$ 이

므로 $\dfrac{LAC}{LMC} = \dfrac{2(A-q)}{A} = \eta$ 이 성립한다.

14 1) $MC_1(q_1) = \dfrac{q_1}{2}$, $MC_2(q_2) = \dfrac{q_2}{2}$ 이다. $MC_1(q_1) = MC_2(q_2)$ 이려면 $q_1 = q_2$

이어야 한다. 따라서 $q_1 = q_2 = \dfrac{q}{2}$ 로 배분한다. 이때 장기비용함수는

$C(q) = C_1\left(\dfrac{q}{2}\right) + C_2\left(\dfrac{q}{2}\right) = \dfrac{q^2}{8}$ 이고 장기한계비용은 $LMC(q) = \dfrac{q}{4}$ 이다.

$q = 20$ 이면 각 공장에서 10씩 생산하는 것이 최적이다.

2) $q_2 = 10$ 이고 단기에서 공장 2의 산출량은 변동 시킬 수 없으므로 고정비용은 $C_2(10) = 25$ 이다. $q \geq 10$ 이면 $q - 10$ 은 공장 1에서 생산해야 한다. 따라서 단기비용함수는 $q \leq 10$ 이면 $C_s(q) = C_2(10) = 25$, $q \geq 10$ 이면 $C_s(q) = C_1(q-10) + C_2(10) = \dfrac{(q-10)^2}{4} + 25$ 이다. 단기한계비용은 $q \leq 10$ 이면 $MC_s = 0$, $q > 10$ 이면 $MC_s = \dfrac{(q-10)}{2}$ 이다.

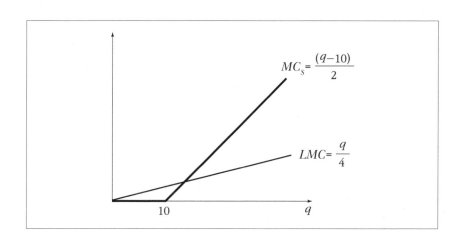

15 1) q를 생산하려면 $L = \dfrac{q^2}{4}$가 필요하다. 낮에는 임금이 1, 밤에는 임금이

2이므로, 낮과 밤의 비용함수는 각각 $C_1(q) = \dfrac{q^2}{4}$, $C_2(q) = \dfrac{q^2}{2}$ (1=낮,

2=밤)이다. 따라서 한계비용은 각각 $MC_1 = \dfrac{q}{2}$, $MC_2 = q$이다.

$q - 15$를 배분하려면 $\dfrac{q_1}{2} = q_2$, $q_1 + q_2 = 15$가 되어야 한다. 따라서

$q_1 = 10$, $q_2 = 5$이다.

2) 정규직 25명은 낮에만 일하므로 산출량은 $q = 2\sqrt{25} = 10$이다.
$q > 10$이면 $q - 10$은 밤에 생산해야 한다. 따라서 단기비용함수는

$C_s(q) = \dfrac{(q-10)^2}{2+25}$이고, 단기한계비용은 $q \leq 10$이면 $MC_s(q) = 0$,

$q > 10$일 때 $MC_s(q) = q - 10$이다.

16 1) 각 공장의 장기조건부요소수요는 $L^* = q^2$, $K^* = q^2$이므로 각 공장의

비용함수는 $C_1(q) = wL^* = wq^2$, $C_2(q) = rK^* = rq^2$이므로 한계비용

은 $MC_1 = 2wq$, $MC_2 = 2rq$이다.

2) $2wq_1 = 2rq_2$, $q_1 + q_2 = q$가 되도록 두 공장에 배분해야 한다. 따라서

$q_1 = \dfrac{rq}{w+r}$, $q_2 = \dfrac{wq}{w+r}$ 이다. 전체 비용함수는 $C(q) = w\left[\dfrac{rq}{w+r}\right]^2 +$

$r\left[\dfrac{wq}{w+r}\right]^2 = \dfrac{wrq^2}{w+r}$ 이고, 한계비용은 $MC = \dfrac{2wrq}{w+r}$ 이다.

3) 비용 극소화를 달성하려면 $MC_1(q_1) = MC_2(q_2) = MC(q_1 + q_2)$가 달

성되어야 한다. $2wq_1 = 2rq_2$이어야 하므로 $\dfrac{q_2}{q_1} = \dfrac{w}{r}$이어야 한다.

제13장 완전경쟁시장

01 1)

산출량	FC	VC	TC	AVC	AC	MC
0	480	0	480	−	−	100
1	480	100	580	100	580	50
2	480	150	630	75	315	60
3	480	210	690	70	230	80
4	480	290	770	73	193	110
5	480	400	880	80	176	140
6	480	540	1,020	90	170	180
7	480	720	1,200	103	171	

2)

가격	각 기업의 공급량
50	0
70	3
100	4
130	5
170	6
220	7

3) 시장전체수요과 공급이 일치하는 균형가격과 거래량을 찾으면 된다. 시장전체공급은 개별기업의 공급에 기업의 개수 30을 곱하면 구할 수 있다.

가격	시장전체공급량
50	0
70	90
100	120
130	150
170	180
220	210

균형가격 170에서 거래량은 180이다.

4) 외국기업에게 개방된 경우 시장 전체공급은 위에서 구한 국내기업의 공급량에 시장가격이 100이상인 경우 120단위를 더해주면 된다.

가격	시장전체공급량
50	0
70	90
100	240
130	270
170	300
220	330

따라서 이 경우 균형가격은 100이고, 거래량은 240이다.

5) 장기균형가격은 평균비용곡선이 최저점인 170이고, 이 때 시장전체수요는 180이다. 이 가운데 120은 외국기업이 공급하고 국내 개별기업들의 생산량은 6이므로 장기균형 10개의 국내기업이 생산한다.

02 1) 생산함수는 $q = \sqrt{2L}$ 이고 총비용은 $C(q) = \dfrac{q^2+1}{2}$ 이다. 가변비용은

$VC(q) = \dfrac{q^2}{2}$, 고정비용은 $\dfrac{1}{2}$, 평균비용은 $AC(q) = \dfrac{q}{2} + \dfrac{1}{2q}$, 평균고정

비용은 $AFC(q) = \dfrac{1}{2q}$, 평균가변비용은 $AVC(q) = \dfrac{q}{2}$, 그리고 한계비

용은 $MC(q) = q$이다.

2) $K = 2$일 때와 $K = 4$일 때 각각 $p = MC$인 q를 찾으면 된다.

$K = 2$: 앞에서 보았듯이 $MC(q) = q$이다. $p = MC$를 q에 대해서 풀면 $S(p) = p$이다.

$K = 4$: $C(q) = \dfrac{q^2}{4} + 1$이므로 $MC(q) = \dfrac{q}{2}$이다. $p = MC$를 q에 대해 풀면 $S(p) = 2p$이다.

3) $K = 2$인 기업이 100개이므로 이들의 공급함수는 $S_1(p) = 100p$이다. $K = 4$인 기업이 50개이므로 이들의 공급함수는 $S_2(p) = 50 \times 2p = 100p$이다. 따라서 시장전체의 공급곡선은 $S(p) = 200p$이다. $S(p) = D(p)$를 이용해 단기 시장균형가격과 거래량을 구하면 $p = 4$, $q = 800$이다.

4) 소비자가 지불하는 가격, 생산자가 받는 가격을 각각 p_D, p_S라고 하자. 그러면 $p_D = p_S + 3$이 성립한다. $S(p_S) = 200p_S = 200p_D - 600 = D(p_D) = 1200 - 100p_D$을 풀면 $p_D = 6$, $p_S = 3$, $q = 600$이다.

5) $MRTS = \dfrac{K}{L} = 4$와 $q = \sqrt{LK}$을 연립해 풀면 장기조건부요소수요는 $L^* = \dfrac{q}{2}$, $K^* = 2q$이다. 따라서 장기비용함수는 $C(q) = q$, 장기평균비용은 $LAC(q) = 1$이므로 장기에서 균형가격은 1이고, 수요곡선을 이용하면 거래량은 1,100이다.

03 1) 가변비용은 $VC(q) = q^3 - 2q^2 + 3q$, 평균가변비용은 $AVC(q) = q^2 - 2q + 3$이다. 한계비용은 $MC(q) = 3q^2 - 4q + 3$이다. $AVC(q)$는 2차식으로, 대칭축이 $q = 1$이므로 $q = 1$일 때 최소값 2를 가진다.

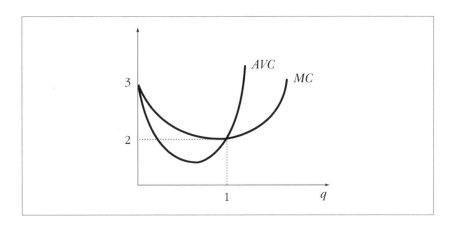

2) 개별기업의 공급함수는 p가 $AVC(q)$의 최소값인 2보다 작지 않을 경우 $p = MC(q)$로 결정된다. $p = 3q^2 - 4q + 3$를 풀면 $S(p) = (2 + \sqrt{3p-5})/3$, $p \geq 2$이다.

3) 시장공급함수는 개별기업의 공급함수를 합친 것이므로 $S(p) = 4 + 2\sqrt{3p-5}$, $p \geq 2$이다.

4) 개별 기업의 산출량이 q이면 시장거래량은 $6q$이고, 따라서 $p = 19 - 6q$이다. $19 - 6q = MC(q) = 3q^2 - 4q + 3$을 풀면 $q = 2$이다, 따라서 시장 거래량은 12, 균형가격은 $p = 7$이다.

5) 장기비용함수가 $C(q) = q^3 - 2q^2 + 3q$이므로 장기평균비용은 $LAC(q) = q^2 - 2q + 3$이다. $LAC(q)$는 2차식으로, 대칭축이 $q = 1$이므로 $q = 1$일 때 최소값 2를 가진다. 따라서 균형가격은 $p = 2$, 거래량은 $q = 17$이다. 개별 기업은 $q = 1$을 생산하므로, 진입 기업의 숫자는 17 이다.

04 q^*에서 평균가변비용의 크기를 $SAVC^*$라고 하자. 빗금친 부분을 A라고 하면 $A = p_0 \times q_0 - [SAVC^* \times q^* + \int_{q^*}^{q_0} SMC(x)dx]$이다. $SAVC^* \times q^* = SVC(q^*) = \int_0^{q^*} SMC(x)dx$이다. 따라서 $A = p_0 \times q_0 - \int_0^{q_0} SMC(x)dx$ = 생산자잉여이다.

05 배터리가 포함되어 있을 때 수요곡선과 공급곡선을 $q = D(p)$, $q = S(p)$로 표시하자. 배터리 가격을 t라고 하고 배터리가 포함되지 않았을 때 가격을 p'라고 하자. 단말기를 사려면 소비자는 $p = p' + t$를 지불해야 한다. 따라서 새로운 수요곡선은 $D' = D(p' + t)$이다. $q = S(p)$을 다시 쓰면 $p = MC(q)$이다. 그런데 이제 기업은 더 이상 배터리를 포함시키지 않으므로 새로운 한계비용은 $MC(q) - t$이다. 따라서 이윤 극대화 조건은 $p' = MC(q) - t$, 즉 $S' = S(p' + t)$이다. 균형조건은 $D' = S'$인데 D', S' 모두 D, S를 아래쪽으로 t만큼 평행이동 시킨 것이다. 따라서 새로운 균형거래량은 원래의 균형거래량과 동일하고, $p'_e = p_e - t$이다. 단말기 가격은 t만큼 하락했지만, 소비자는 t를 지불하고 배터리를 구매해야 하므로 아무런 변화가 없다. 기업도 한계비용이 t만큼 하락했지만 가격 또한 t만큼 하락했으므로 아무런 변화가 없다.

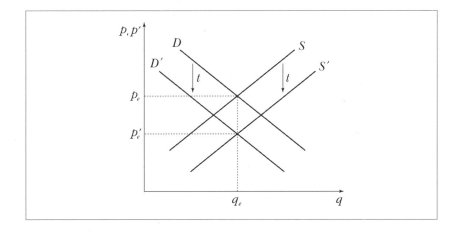

06　1) 장기평균비용의 최저점에서 균형가격이 결정되므로 가격은 10이고, 거래량은 시장수요곡선을 이용하면 1,000임을 알 수 있다. 각 기업이 생산하는 생산량은 20이므로 장기균형에서 50개 기업이 생산함을 알 수 있다.

2) $p = MC$를 풀면 개별기업의 단기공급함수인 $q = p + 10$을 얻는다. 시장 전체에 50개의 기업이 생산하므로 단기공급함수는 $S(p) = 50p + 500$ 이다. $D(p) = S(p)$를 풀면 단기균형가격은 10이고, 거래량은 1,000이다. 이는 위에서 구한 장기균형가격 및 거래량과 일치한다.

3) 산출량을 조절하지 못하므로 공급은 여전히 1,000이고, 따라서 $1,000 = 2,000 - 50p$을 풀면 가격은 20이 된다.

4) 위에서 구한 단기공급함수와 새로운 시장수요곡선을 연립해 풀면 가격은 15이고, 거래량은 1,250이다.

5) 새로운 장기균형가격은 여전히 10이고, 거래량은 새로운 수요함수를 이용하면 1,500이다.

07　1) $C(q) = 10 + 5q^2$인 경우 $MC(q) = 10q$이므로 $p = MC(q)$를 풀면 $S_1(p) = \dfrac{p}{10}$ 이다. $C(q) = 20 + 10q^2$인 경우 $MC(q) = 20q$이므로 $p = MC(q)$를 풀면 $S_2(p) = \dfrac{p}{20}$ 이다.

2) 단기산업공급곡선은 $S(p) = S_1(p) \times 40 + S_2(p) \times 60 = 7p$이다. $D(p) = D(p) = S(p)$를 풀면 $p = 20$, $q = 140$이다.

3) $p_D = p_S + 8$과 $D(p_D) = S(p_S)$를 연립해 풀면 $p_D = 27$, $p_D = 19$, $q = 133$이다.

4) 평균비용이 $AC = q + \dfrac{4}{q}$, 한계비용이 $MC = 2q$이므로 $AC = MC$를 풀면 $q = 2$이다. 평균비용의 최소값이 $AC(2) = 4$이므로 장기균형가격은 2이다. 거래량은 $D(4) = 156$이다. 평균비용의 최소값이 $q = 2$에서 얻어지므로, 생산하는 기업의 개수는 $n = \dfrac{156}{2} = 78$이다.

5) 장기균형에서는 모든 세금이 소비자에게 전가되므로 $p = 6$이다. 거래량은 $D(6) = 154$이고, 생산하는 기업의 개수는 $n = \dfrac{154}{2} = 77$이다.

08 1) $K = 1$: $q = \sqrt{L}$이므로 $L^* = q^2$이다. 단기비용함수는 $C_s(q) = q^2 + 1$이다. 평균비용은 $SAC = q + \dfrac{1}{q}$, 한계비용은 $SMC = 2q$이다.

$K = 4$: $q = 2\sqrt{L}$이므로 $L^* = \dfrac{q^2}{4}$이다. 단기비용함수는 $C_s(q) = \dfrac{q^2}{4} + 4$이다. 평균비용은 $SAC = \dfrac{q}{4} + \dfrac{4}{q}$, 한계비용은 $SMC = \dfrac{q}{2}$이다.

2) $q^2 + 1 = \dfrac{q^2}{4} + 4$를 풀면 $q = 2$이다. 따라서 장기비용함수는 $q \leq 2$이면 $C(q) = q^2 + 1$, $q > 2$이면 $C(q) = \dfrac{q^2}{4} + 4$이다. 평균비용은 $q \leq 2$이면 $LAC = q + \dfrac{1}{q}$, $q > 2$이면 $LAC = \dfrac{q}{4} + \dfrac{4}{q}$이다. 한계비용은 $q < 2$이면 $LMC = 2q$, $q > 2$이면 $LMC = \dfrac{q}{2}$이다. $q = 2$에서 2에서 $\dfrac{1}{2}$로 점프가 발생한다.

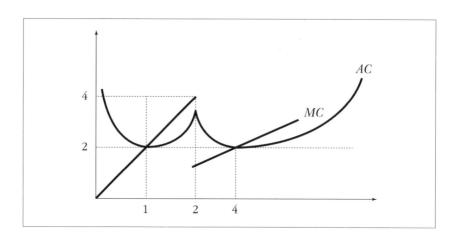

3) 2)의 그림에서 보듯이 LAC는 $q=1$ 또는 $q=4$에서 최소값 2를 가진다. 따라서 장기균형가격은 2이고, 균형거래량은 $D(2)=500-50\times2=400$이다. 따라서 기업의 최대 숫자는 400이고, 최소 숫자는 100이다.

4) $n=100$: 이 경우 모든 기업은 $K=4$를 선택하고 있다. 단기비용함수는 $C_s(q)=\dfrac{q^2}{4}+4$, 한계비용은 $SMC=\dfrac{q}{2}$이다. $p=SMC=\dfrac{q}{2}$를 풀면 개별 공급곡선은 $q=2p$이고 시장 공급곡선은 $q=2p\times100=200p$이다. 세금이 없으면 $D(p)=S(p)$ => $500-50p=200p$에 의해 균형가격은 2, 균형거래량은 400이다. 종량세 5가 부과되면 $p_D=p_S+5$와 $D(p_D)=S(p_S)$ => $500-50p_D=200p_S$를 연립해 풀면 $p_D=6$, $p_S=1$, $q=200$이다. 사회적 후생의 감소분은 $\dfrac{1}{2}\times5\times(400-200)=500$이다.

$n=400$: 이 경우 모든 기업은 $K=1$를 선택하고 있다. 단기비용함수는 $C_s(q)=q^2+1$, 한계비용은 $SMC=2q$이다. $p=SMC=2q$를 풀면 개별 공급곡선은 $q=\dfrac{p}{2}$이고 시장 공급곡선은 $q=\dfrac{p}{2}\times400=200p$이다. $n=100$인 경우와 시장 공급곡선이 동일하므로 이후의 결과도 $n=100$인 경우와 동일하다.

09　1) 각 기업의 단기한계비용은 10이다. 각 기업의 생산설비가 20이고, 6
　　　개의 기업이 있으므로 120까지 생산이 가능하다. 따라서 단기공급곡
　　　선과 시장균형은 다음 그림과 같이 $p=10$, $q=100$이다.

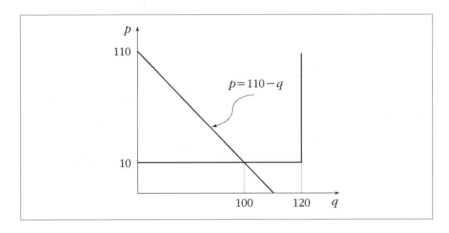

　　2) 생산가능한 산출량이 70이므로 단기공급곡선과 시장균형은 다음 그림
　　　과 같이 $p=40$, $q=70$이다.

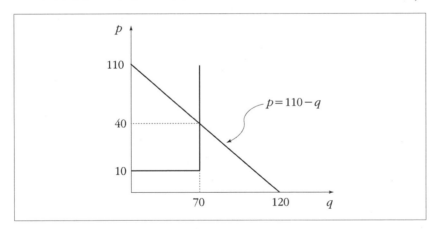

3) 장기한계비용이 30이므로, 장기공급곡선과 시장균형은 다음 그림과
   같이 $p=30$, $q=80$이다.

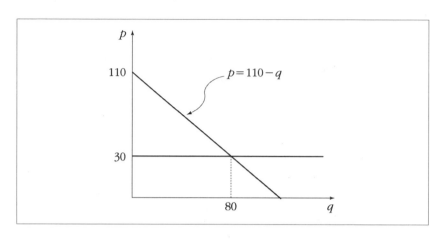

10 1) $LAC_1 = q + \dfrac{1}{q}$ 이면 $C_1(q) = LAC_1 \times q = q^2 + 1$이다. 따라서 $LMC =$

$2q$이다. $LMC = 2q = p$를 풀면 $q = \dfrac{p}{2}$인데 LAC_1의 최소값이 2이므

로 개별 공급곡선은 $q = \dfrac{p}{2} (p \geq 2)$이다. 이 같은 기업이 20개 있으므

로 시장 공급곡선은 $S(p) = \dfrac{p}{2} \times 20 = 10p(p \geq 2)$이다.

2) $10p = 100 - 10p$를 풀면 $p = 5$로 $LAC_2 = q + \left(\dfrac{4}{q}\right)$의 최소값인 4보다

크다. LAC_2인 기업이 진입하므로 장기균형가격은 4가 된다.
$D(4) = 100 - 10 \times 4 = 60$이다. $S(4) = 10 \times 4 = 40$이므로 LAC_1인 기
업이 40을 생산하고 나머지 20은 LAC_2인 기업이 생산한다. $p = 4$일
때 LAC_2인 기업은 반드시 $q = 2$를 생산해야 한다. 따라서 10개 기업
이 진입한다.

3) 장기균형에서 $p=4$이므로 LAC_1인 기업은 $q=2$를 생산한다. 따라서 이윤은 $4\times2-(2^2+1)=3$이다. LAC_1인 기업이 20개밖에 없으므로 희소하다. 희소성때문에 장기에서도 양의 이윤을 가진다.

4) 3의 보조금이 지불되면 $p_S=p_D-3$이다. LAC_2인 기업이 반드시 진입하므로 $p_S=4$가 되어야 한다. 따라서 $p_D=1$이다. 거래량은 $D(1)=90$이다. $p=4$일 때 LAC_1인 기업들은 합쳐 $S(4)=40$을 생산한다. 따라서 LAC_2인 기업이 50을 생산해야 한다. LAC_2인 기업은 진입 시 반드시 $q=2$를 생산해야 한다. 따라서 25개의 기업이 진입한다.

11

1) $MC=2q+10$이므로 $2q+10=p$를 풀면 개별 공급곡선은 $q=\dfrac{p-10}{2}$ $(p\geq10)$이다.

2) 100개의 제과점이 있으므로 시장 공급곡선은 $S(p)=100\times\dfrac{(p-10)}{2}=50p-500\,(p\geq10)$이다. $50p-500=1600-50p$를 풀면 $p=21$, $q=550$이다.

3) $w=25$이면 $AC=q+\left(\dfrac{25}{q}\right)+10$이다. $\dfrac{dAC}{dq}=1-\left(\dfrac{25}{q^2}\right)=0$을 풀면 $q=5$에서 최소값은 20이다. 따라서 장기균형가격은 $p=20$이고, 거래량은 $D(20)=600$이다. 개별 제과점은 $q=5$를 생산해야 하므로 제과점의 개수는 $\dfrac{600}{5}=120$개이다.

3) $AC=q+\dfrac{w}{q}+10$이다. $\dfrac{dAC}{dq}=1-\dfrac{w}{q^2}=0$를 풀면 $q=\sqrt{w}$에서 최소값은 $2\sqrt{w}+10$이다. 따라서 장기균형가격은 $2\sqrt{w}+10$이고 거래량은 $D(2\sqrt{w}+10)=1100-100\sqrt{w}$이다. 개별 제과점은 $q=\sqrt{w}$를

생산해야 하므로 제과점의 개수는 $\dfrac{1100-100\sqrt{w}}{\sqrt{w}}=\dfrac{1100}{\sqrt{w}}-100$이다.

4) 빵기술자 임금이 w일 때, 제과점의 개수는 $\dfrac{1100}{\sqrt{w}}-100$이다. 각 제과
점당 1명의 빵기술자를 고용하므로 빵기술자의 수요함수는 $D(w)=$
$\dfrac{1100}{\sqrt{w}}-100$이다. $\dfrac{1100}{\sqrt{w}}-100=\sqrt{w}$를 풀면($x=\sqrt{w}$로 치환해서
풀면 쉬움), $w=100$이다. 제과점의 숫자는 $\sqrt{100}=10$이고, 빵의 가
격은 $2\sqrt{100}+10=30$, 거래량은 $D(30)=100$이다.

12 수요 혹은 공급이 완전 비탄력적이면, 세금이 부과될 때 휘발유 소비량은
변화하지 않으므로 (1)의 목적을 위해서는 효과적이지 못하다. 그러나 조
세는 변화하지 않은 휘발유 소비량에 고스란히 적용되므로 세수입은 크
기 때문에 (2)의 목적에는 효과적이다.

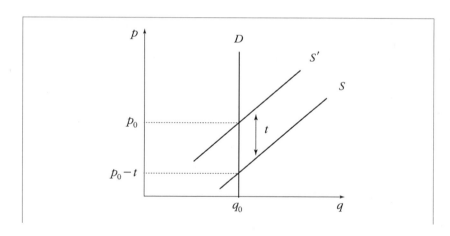

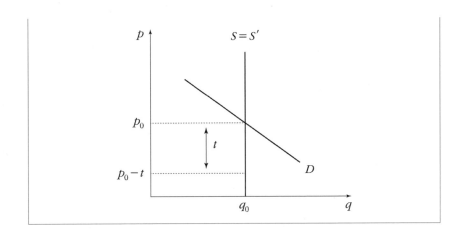

반면에 수요 혹은 공급이 완전 탄력적이면, 휘발유 소비량은 감소하므로 (1)의 목적에 효과적이나, 조세수입은 감소하므로 (2)의 목적에는 효과적이지 못하다.

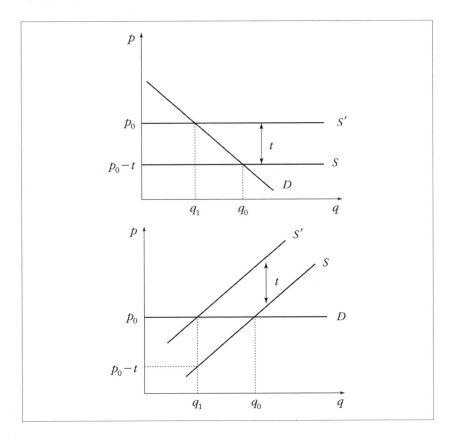

따라서 수요나 공급 가운데 어느 하나라도 탄력성이 높을수록 (1)의 목적에 효과적이고 (2)의 목적에는 효과적이지 않으며 탄력성이 낮은 경우는 이와 반대의 효과가 나타난다.

13 위 설명은 옳지 않다. 소비자가 개당 p_D를 지불하면, 이 가운데 5만원은 정부에게 세금으로 귀속된다. 따라서 생산자는 $p_D - 5$을 받는데, 이 가운데 다시 5만원을 정부에게 세금으로 지불하므로 생산자가 개당 받는 가격은 $p_S = p_D - 5 - 5 = p_D - 10$이 된다. 따라서 이 경우 균형조건은 $p_S = p_D - 10$와 $D(p_D) = S(p_S)$이므로, 시장 전체에 개당 10만원의 세금이 부과된 것과 동일하다. 실질적으로 세금이 누구에게 귀착되는가 하는 것은 수요곡선과 공급곡선의 가격탄력성에 의존한다. 예를 들어, 만약 수요곡선이 완전 비탄력적이면 중고차 1대당 부과되는 총 10만원의 세금이 모두 소비자에게 귀착된다. 한편, 공급곡선이 완전 비탄력적이면 1대당 부과되는 10만원의 세금이 모두 공급자에게 귀착된다.

14 감귤을 폐기처분하면 공급이 감소하므로 공급곡선은 왼쪽으로 이동한다. 그러면 가격은 증가하고 거래량은 감소하는데, 수요의 가격탄력성이 1보다 작은 경우에 한해 수입이 증가한다. 한편, 다른 생산자들 모두가 감귤을 폐기처분하고 있을 때 한 생산자가 폐기처분하지 않는다면, 상승한 가격으로 다른 생산자들보다 더 많은 양의 감귤을 판매해 약속을 지킬 때보다 더 큰 이득을 누릴 수 있다. 따라서 약속을 지키지 않을 유인이 존재한다.

15 단기의 경우, 공급곡선이 오른쪽으로 이동하여 가격은 하락하나 공급곡
    선이 우상향하고, 수요곡선이 우하향하는 한 가격은 20원보다 적게 하락
    하고 균형거래량은 증가한다. 그러므로 단기에서 양계업자의 이윤은 증
    가한다. 그러나 장기의 경우, 진입의 증가로 인해 가격은 정확하게 20원
    하락하게 되어 시장에 들어온 모든 양계업자들은 본전만 건지는 장사를
    한다. 차이점은 정부의 보조로 인해 시장가격이 하락하므로, 시장에 들어
    온 양계업자의 수가 증가한다.

16 아래 그림에서 보다시피 D'의 수요곡선이 D보다 더 탄력적이다. s의 보
    조금으로 인해 공급곡선이 s만큼 아래로 평행이동하면 소비자가 지불하
    는 금액은 덜 탄력적인 D인 경우가 더 낮다. 따라서 틀린 주장이다.

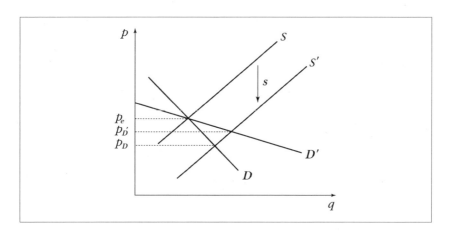

제14장 독점시장

01 **거짓**: 원래의 수요곡선이 $P(q)$일 때 독점이윤을 극대화하는 산출량을 q^m 이라고 하자. 그러면 독점이윤은 $\pi^m = P(q^m)q^m - C(q^m)$이다. 이제 오른 쪽(위쪽)으로 이동한 수요곡선을 $P^n(q)$라고 하자. 오른쪽(위쪽)으로 이 동하였으므로 모든 q에 대해서 $P^n(q) > P(q)$이다. 수요곡선이 $P^n(q)$일 때 독점이윤을 극대화하는 산출량을 q^*라고 하면 독점이윤은 $\pi^* = P^n(q^*)q^* - C(q^*)$이다. q^*가 수요곡선이 $P^n(q)$일 때 독점이윤을 극대화 하는 산출량이므로 π^*는 q^m을 생산할 때보다 작지 않다. 즉 $\pi^* \geq P^n(q^m)q^m - C(q^m)$이다. 그런데 모든 q에 대해서 $P^n(q) > P(q)$이므로, $P^n(q^m) > P(q^m)$이다. $P^n(q^m)q^m - C(q^m) > P(q^m)q^m - C(q^m) = \pi^m$이 므로 $\pi^* > \pi^m$이다. 그러므로 수요곡선이 오른쪽(위쪽)으로 이동하면 독 점기업의 이윤은 항상 증가한다는 부분은 참이다. 그러나 독점가격이 항 상 증가하지는 않는다. 다음의 반례를 보자. $D(p) = Ap^{-\epsilon}(A > 0)$은 A 의 크기와 무관하게 수요곡선의 모든 점에서 수요의 가격탄력성이 항상 ϵ으로 일정하다. A가 증가하면 수요곡선은 오른쪽(위쪽)으로 이동한다. 독점가격은 역탄력성의 공식에 의해 $\dfrac{p - MC}{p} = \dfrac{1}{\epsilon}$로 결정된다. 수요의 가격탄력성이 A와 무관하게 일정하므로, 독점가격도 A와 무관하게 일 정하다. 예를 들어 $\epsilon = 2$이고 한계비용이 c로 일정하면, 독점가격은 A와 무관하게 항상 $p^m = 2c$로 일정하다. 따라서 수요곡선은 오른쪽(위쪽)으 로 이동할 때 항상 독점가격도 증가한다고 말할 수 없다. 독점가격은 탄 력성에 의존하는데, 일반적으로 탄력성은 수요곡선의 위치뿐 아니라 기 울기에도 의존한다. 따라서 수요곡선이 오른쪽(위쪽)으로 이동할 때, 기

울기가 어떻게 변하는가에 따라서 독점가격은 증가할 수도, 변하지 않을 수도, 혹은 감소할 수도 있다.

02 **거짓**: 1급 가격차별을 하는 독점기업은 소비자잉여를 모두 가져올 수 있기 때문에 독점이윤은 소비자잉여와 생산자잉여를 합한 사회적 후생이다. 그러므로 1급 가격차별을 하는 기업은 사회적 후생을 극대화하므로 가격차별을 하지 않는 독점보다 더 효율적이다. 달리 설명하면, 가격차별을 하지 않는 독점의 경우 $MR = MC$이고 $p > MR$이므로 $p > MC$이기 때문에 비효율적이다. 그러나 1급 가격차별을 하는 독점기업은 $p = MC$가 되도록 산출량을 선택하므로 사회적 후생이 극대화되어 효율적이다.

03 $q = \dfrac{400}{p^2}$인 수요함수의 가격 탄력성은 2이다. 한계비용이 c로 일정하므로, 역탄력성의 공식 $\dfrac{p-c}{p} = \dfrac{1}{2}$을 풀면 $p^m = 2c$이다. 독점가격의 한세비용에 대한 탄력성은 1이므로 한계비용이 1% 증가하면 독점가격도 1% 증가한다.

04 이윤극대화 산출량이 100, 가격이 100, $\dfrac{dq}{dp} = -2$이므로 가격탄력성은 $\epsilon = -\dfrac{dq}{dp}\dfrac{p}{q} = 2 \times \dfrac{100}{100} = 2$이다. 역탄력성의 공식 $\dfrac{p-MC}{p} = \dfrac{1}{\epsilon}$에 $p = 100$, $\epsilon = 2$를 넣어 계산하면 이윤극대화 산출량에서 $MC = 50$이다.

05 시장 1의 가격과 탄력성을 각각 p_1, ϵ_1이라고 하고, 시장 2의 가격과 탄력성을 각각 p_2, ϵ_2라고 하자. 그러면 3급 가격차별에서 $p_1\left(1 - \dfrac{1}{\epsilon_1}\right) = p_2\left(1 - \dfrac{1}{\epsilon_2}\right)$이 성립한다. 이 식에 $\epsilon_1 = 2$, $\epsilon_2 = 3$을 대입해 정리하면 $\dfrac{p_1}{p_2} = \dfrac{4}{3}$이다.

06 고장난 프린터를 가진 소비자는 새로 프린터를 살 용의가 있으므로, 정상적으로 작동하는 프린터를 가진 소비자보다 새로운 프린터에 대한 한계지불의사가 더 클 것이다. 따라서 정상적으로 작동하는 프린터만을 대상으로 보상판매를 해 싼 값에 새로운 프린터를 판매하고자 하는 것이다. 고장난 프린터인가 정상적으로 작동하는 프린터인가를 통해 눈에 보이지 않는 한계지불의사가 높은 타입과 낮은 타입을 구분할 수 있으므로, 이를 가격차별로 볼 수 있다.

07 1) $MC(q) = 2q$

2) $MR(q) = 120 - 2q$이므로 $MR = MC$를 풀면 $q^m = 30$이다.

3) $q^m = 30$이므로 $p^m = 90$이다. 생산자잉여는 $PS = R - VC$이므로 $1{,}800(= 30 \times 90 - 30^2)$이다. 이윤은 생산자잉여(1,800)에서 고정비용(500)을 제한 값이므로 1,300이다.

4) 고정비용이 600이 되어도 독점기업의 이윤극대화 산출량은 변하지 않는다. 따라서 생산자잉여는 위 3)과 동일하게 1,800이고, 고정비용이 변하였으므로 이윤은 1,200이다.

08 1) $p \geq 60$, 즉 $q \leq 20$이면 $MR(q) = 100 - 4q$, $p < 60$ 즉, $q > 20$이면 $MR(q) = 70 - q$이다.

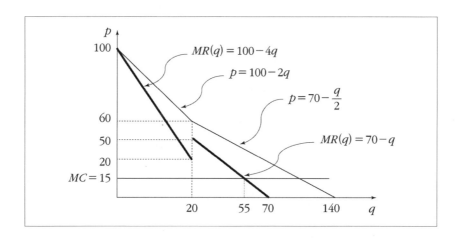

2) 이윤극대화조건은 $MR = MC$이므로, 위의 그림에서 보다시피 $q^m = 55$이고 이를 수요곡선에 대입하면 가격은 42.5이다.

3) 종량세로 인해 한계비용이 30만큼 증가되므로 $MC = 45$이다. 이 때 $MR = MC$인 점은 $p = 72.5, q = 13.75$, $p = 57.5, q = 25$이다. 이 두 경우의 이윤을 계산해 비교해보면 $q = 13.75$일 때 이윤이 378.125로 $q = 25$일 때 이윤 312.5보다 크다. 따라서 독점기업은 $p = 72.5$, $q = 13.75$을 선택한다.

09 1) 역수요함수가 $p = a - q$이므로 한계수입은 $MR = a - 2q$이다.

$MR(= a - 2q) = MC(= c)$를 풀면 독점수량은 $q^m = \dfrac{a - c}{2}$, 가격은 $p^m = \dfrac{a + c}{2}$이다. 독점으로 인한 사회적 후생의 감소분은 $q^m = \dfrac{a - c}{2}$부터 $q = a - c$까지 수요곡선과 한계비용 c 사이의 면적으로 $\dfrac{(a - c)^2}{8}$이다.

2) 종량세를 부과하면 한계비용이 $c+t$가 된다. $a-2q=c+t$를 풀면 산출량은 $q=\dfrac{a-c-t}{2}$, 소비자가 지불하는 가격은 $p_d=\dfrac{a+c+t}{2}$, 생산자가 받는 가격은 $p_s=\dfrac{a+c-t}{2}$, 조세수입은 $R_Q=\dfrac{t(a-c-t)}{2}$, 추가적인 사회적 후생의 감소분은 $\dfrac{t(2a-2c+t)}{8}$이다.

3) 종가세 부과시 기업의 수입은 $\dfrac{TR(q)}{1+\tau}$이다. 따라서 새로운 한계수입은 $\dfrac{MR(q)}{1+\tau}=\dfrac{a-2q}{1+\tau}$이다. 이윤극대화 조건은 $\dfrac{a-2q}{1+\tau}=c$인데, 산출량이 2)와 동일하므로 $q=\dfrac{a-c-t}{2}$를 대입하면 $\dfrac{c+t}{1+\tau}=c$가 성립한다. 이를 τ에 대해 풀면 $\tau=\dfrac{t}{c}$이다. 조세수입은 $\dfrac{\tau p q}{1+\tau}$이므로 $\tau=\dfrac{t}{c}$, $q=\dfrac{a-c-t}{2}$, $p_d=\dfrac{a+c+t}{2}$를 대입하면 $R_A=\dfrac{a+c+t}{2(c+t)}t\dfrac{a-c-t}{2}=\dfrac{a+c+t}{2(c+t)}R_Q$이다. $a>c+t$이므로 $\dfrac{a+c+t}{2(c+t)}>1$이다. 따라서 $R_A>R_Q$이다.

4) 산출량이 동일할 경우 종가세의 조세수입이 더 크다. 따라서 동일한 금액을 세금으로 걷고자 하면 종가세의 경우 세율을 더 낮게 할 수 있다. 따라서 종가세의 경우 산출량이 더 크므로 종가세가 사회적 후생의 감소분이 더 작아 바람직하다.

10 1) 지불할 용의를 알고 있으므로 1급 가격차별에 해당한다. 따라서 수요곡선 $p=100-q$가 한계수입곡선(MR)이 되고, 이를 $MC=10$과 연립해 푼다. 그러면 산출량은 $q^m=90$이다. 이윤은 $4,050\left(=\dfrac{1}{2}\times 90\times(100-10)\right)$이다.

2) 이 경우는 가격차별을 하지 못하는 것과 동일하다. $MR(q) = 100 - 2q$ 이므로 $MR = MC$를 풀면 $q^m = 45$이고, 이윤은 $2025(= 45 \times (55 - 10))$이다.

11 1) 장기조건부요소수요함수가 $L = K = q^2$이므로 특허료를 포함한 장기 비용함수는 $C(q) = q^2 + 25$이다.

2) $AC(q) = q + \dfrac{25}{q}$이고, 평균비용은 $q = 5$일 때 최소화되며 최소값은 10이다. 따라서 장기 시장균형가격은 10이며, 개별 기업의 산출량은 5이다. 그리고 가격을 수요함수에 대입하면 거래량은 30이다. 그러므로 시장에 존재하는 기업 수는 6개이며 특허료로 $150(= 25 \times 6)$만큼 번다.

3) $C(q) = q^2 + R$이므로 평균비용은 $AC(q) = q + \dfrac{R}{q}$이고, $q = \sqrt{R}$일 때 최소값은 $2\sqrt{R}$이다. 따라서 장기시장균형에서 가격은 $2\sqrt{R}$이며, 개별 기업의 산출량은 $\sqrt{R}$이다. 그리고 가격을 위 수요함수에 대입하면 시장거래량은 $40 - 2\sqrt{R}$이다. 그러므로 시장에 존재하는 기업 수는 $\dfrac{40}{\sqrt{R}} - 2$개다.

4) 특허료로부터 얻는 수입은 $R\left(\dfrac{40}{\sqrt{R}} - 2\right) = 40\sqrt{R} - 2R$이다. $\sqrt{R} = x$로 치환하면 수입은 $40x - 2x^2$으로 $x = 10$에서 극대화된다. 따라서 특허료 수입은 $R = 100$에서 극대화된다.

5) 역수요함수가 $p = 40 - q$이므로 한계수입은 $MR(q) = 40 - 2q$이다. $MR = MC$를 풀면 독점기업은 $q = 10$을 생산하고 가격은 30으로 책정한다. 이 때 독점이윤은 200이다. 독점기업이 지불하고자 하는 최대한의 특허료는 독점이윤이므로 최대한의 특허료는 200이다.

12 1) 먼저 시장수요함수와 한계수입곡선을 구해보자. $p > 8$이면 $q = 0$, $6 < p \leq 8$이면 $q = 8 - p$, $p \leq 6$이면 $q = 14 - 2p$이다. 역수요함수를 찾아서 한계수입곡선을 구하자. $q < 2$이면 $p = 8 - q$, $q \geq 2$이면 $p = 7 - \frac{q}{2}$이다. 따라서 $q < 2$이면 $MR(q) = 8 - 2q$, $q \geq 2$이면 $MR(q) = 7 - q$이다. $MR(5) = 2 > 0 (= MC)$이므로 $q^m = 5$, $p^m = 4.5$이다.

2) 시장수요곡선이 한계수입곡선이 되며, $P(5) = 7 - \frac{5}{2} = \frac{9}{2} > 0 (= MC)$이므로 총산출량은 5단위이다. 각 시장에서 마지막에 판매하는 소비자의 유보가격이 같아지게, 즉 한계수입이 같아지도록 팔아야 하므로 $8 - q_1 = 6 - q_2$와 $q_1 + q_2 = 5$를 연립해 풀면 $q_1 = 3.5$, $q_2 = 1.5$이다. 시장 1의 이윤은 21.875, 시장 2의 이윤은 7.875이다.

3) 시장 1의 역수요함수가 $p_1 = 8 - q_1$이므로 $MR_1(q_1) = 8 - 2q_1$이고, 시장 2의 역수요함수가 $p_2 = 6 - q_2$이므로 $MR_2(q_2) = 6 - 2q_2$이다. $MR_1 = MR_2$와 $q_1 + q_2 = 5$을 연립해 풀면 $q_1 = 3, p_1 = 5$, $q_2 = 2$, $p_2 = 4$이다.

13 1) 먼저 시장수요함수와 한계수입곡선을 구해보자. $p > 70$이면 $D(p) = 0$, $50 < p \leq 70$이면 $D(p) = D_2(p) = 70 - p$, $p \leq 50$이면 $D(p) = D_1(p) + D_2(p) = 120 - 2p$이다. 역수요함수를 구해보자. $p > 50$, 즉 $q < 20$이면 $p = 70 - q$, $p \leq 50$, 즉 $q \geq 20$이면 $p = 60 - \frac{q}{2}$이다. 따라서 $q < 20$이면 $MR(q) = 70 - 2q$, $q \geq 20$이면 $MR(q) = 60 - q$이다. 가격차별을 못하므로 $MR = MC$를 만족하도록 선택한다. 위의 그림에서 보듯이 $q^m = 30$, $p^m = 45$, $\pi^m = 45 \times 30 - \frac{1}{2}30^2 = 900$이다.

러너지수는 $L = \dfrac{p - MC}{p} = \dfrac{1}{3}$ 이다.

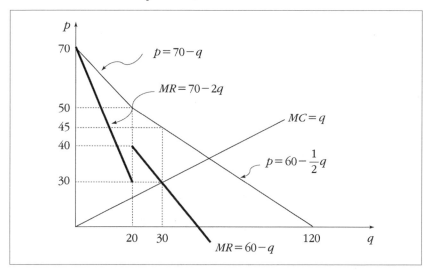

2) $p^m = 45$ 이므로 그룹 1에서 거래량은 5이고 소비자잉여는 12.5 $\left(= \dfrac{1}{2} \times 5 \times (50 - 45)\right)$, 수요의 가격탄력성은 9이다. 한편, 그룹 2에서 거래량은 25이고 소비자잉여는 $312.5 \left(= \dfrac{1}{2} \times 25 \times (70 - 45)\right)$, 수요의 가격탄력성은 1.8이다.

3) 1급 가격차별 시 역수요함수가 한계수입곡선과 일치한다. 위의 그림에서 보다시피 $q \geq 20$ 인 영역에서 한계비용곡선과 역수요함수가 교차한다. 그러므로 $60 - \dfrac{q}{2} = q$ 를 풀면 $q^m = 40$ 이다. $MC(40) = 40$ 이므로 $q_1^m = 50 - 40 = 10$, $q_2^m = 70 - 40 = 30$ 이다. 그룹 1로부터의 수입은 450, 그룹 2로부터의 수입은 1,650이다.

4) 3급 가격차별 시 이윤극대화 조건은 $MR_1 = MR_2 = MC$ 이다. 그룹 1의 역수요함수가 $p_1 = 50 - q_1$ 이므로 $MR_1(q_1) = 50 - 2q_1$ 이다. 그룹 2의 역수요함수는 $p_2 = 70 - q_2$ 이므로 $MR_2(q_2) = 70 - 2q_2$ 이다. $MC = q_1 + q_2$ 이므로 $50 - 2q_1 = q_1 + q_2$, $70 - 2q_2 = q_1 + q_2$ 을 풀면 $q_1 = 10$,

$p_1 = 40$, $q_2 = 20$, $p_2 = 50$을 얻는다.

5) 종량세 12원이 부과되면, $MC = q_1 + q_2 + 12$가 된다. 4)에서와 같이 풀면, $q_1 = 7$, $p_1 = 43$, $q_2 = 17$, $p_2 = 53$을 얻는다.

6) 이부요금제를 $T(q) = pq + A$라 하자. 독점기업이 p를 선택할 경우 소비자 1과 2의 소비자잉여는 각각 $CS_1(p) = \dfrac{(50-p)^2}{2}$와 $CS_2(p) = \dfrac{(70-p)^2}{2}$이다. $A = CS_1(p) = \dfrac{(50-p)^2}{2}$로 선택하면 두 소비자 모두에게서 A를 받을 수 있다. 따라서 이윤은 $\pi(p) = (50-p)^2 + + p(120 - 2p) - \dfrac{1}{2}(120-2p)^2$이다. 이윤을 극대화하는 p를 구하기 위해 $\pi(p)$를 p에 대해 미분해 0으로 놓고 풀면 $p = \dfrac{130}{3}$을 얻는다. 이 경우 이윤은 $\dfrac{2,800}{3}$이다. $A = CS_2(p) = \dfrac{(70-p)^2}{2}$로 선택하면 소비자 2에게만 판매할 수 있다. 따라서 이윤은 $\pi(p) = \dfrac{(70-p)^2}{2} + p(70-p) - \dfrac{1}{2}(70-p)^2$이다. 이윤을 극대화하는 p를 구하기 위해서 $\pi(p)$를 p에 대해 미분해 0으로 놓고 풀면 $p = 35$를 얻는다. 이 경우 이윤은 1,225이다. 후자의 이윤이 더 크므로 독점은 $p = 35$, $A = 612.5$로 선택한다.

14 1) $\epsilon = -\dfrac{q}{dp}\dfrac{p}{q}$이다. 따라서 $q_1 = p^{-3}$이면, $\epsilon = -(-3)p^{-4}\dfrac{p}{p^{-3}} = 3$이다. $q_2 = p^{-2}$이면, $\epsilon = -(-2)p^{-3}\dfrac{p}{p^{-2}} = 2$이다($q = Ap^{-\epsilon}$($\epsilon$은 0보다 큰 상수)인 수요함수는 모든 점에서 항상 가격탄력성이 ϵ으로 일정하다).

2) 시장수요는 $q = q_1 + q_2 = p^{-3} + p^{-2}$이다. 한계비용이 1이므로 이윤은

$\pi(p) = p \cdot q - 1 \cdot q = (p-1)(p^{-3} + p^{-2})$이다. $\dfrac{d\pi(p)}{dp} = (p^{-3} + p^{-2})$

$-(p-1)(3p^{-4} + 2p^{-2}) = 0$을 정리하면 $p^2 = 3$을 얻는다. 따라서 가격은

$p^m = \sqrt{3}$ 이고, 거래량은 $q^m = \dfrac{1}{3\sqrt{3}} + \dfrac{1}{3} = \dfrac{\sqrt{3}+1}{3\sqrt{3}}$ 이다. 러너지수는

$L = \dfrac{p - MC}{p}$ 이므로 $\dfrac{\sqrt{3}-1}{\sqrt{3}}$ 이다.

3) 3급 가격차별이 가능하면, 각 그룹에 대해서 $L = \dfrac{p - MC}{p} = \dfrac{1}{\epsilon}$이

되도록 가격을 결정한다. 그룹 1의 경우 가격탄력성이 3이므로 $p_1 = \dfrac{3}{2}$,

$q_1 = \dfrac{8}{27}$이다. 그룹 2의 경우 가격탄력성이 2이므로 $p_2 = 2$, $q_2 = \dfrac{1}{4}$

이다. ($MR_1(q_1) = MR_2(q_2) = MC(= 1)$를 풀어도 동일한 결과를 얻

는다.)

4) 종량세 1원이 부과되면 한계비용이 2가 된다. 3)에서와 같은 방법으로

풀면 그룹 1의 경우 $p_1 = 3$, $q_1 = \dfrac{1}{27}$이다. 그룹 2의 경우 $p_2 = 4$,

$q_2 = \dfrac{1}{16}$이다.

15 1) $p > 24$이면 $q = 0$, $12 < p \leq 24$이면 $q = q_1 = 24 - p$, $p \leq 12$이면

$q = q_1 + q_2 = 48 - 3p$이다. 따라서 $p = 12$, 즉 $q = 12$에서 수요곡선의

기울기가 -1에서 -3으로 바뀐다. 한계수입곡선을 구하기 위해서

역수요함수를 구하자. $p > 12$, 즉 $q < 12$이면 $q = 24 - p$이므로

$p = 24 - q$이다. 따라서 $MR(q) = 24 - 2q$이다. $p \leq 12$, 즉 $q \geq 12$이면

$q = 48 - 3p$이므로 $p = \dfrac{48 - q}{3}$이다. 따라서 $MR(q) = 16 - \dfrac{2}{3}q$이다.

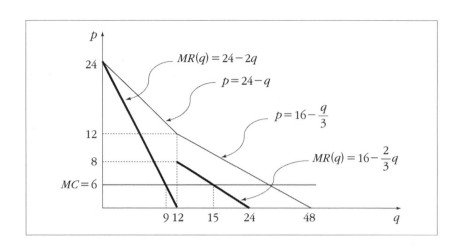

2) $MR = MC$에 의해서 생산량이 결정되는데, 위의 그림에서 보듯이 $q = 9, 15$에서 성립한다. 따라서 두 경우의 이윤을 계산해 비교해야 한다. $q = 9$인 경우 수요곡선이 $p = 24 - q$이므로 $p = 15$이다. 따라서 이윤은 $9 \times (15 - 6) = 81$이다. $q = 15$인 경우 수요곡선은 $p = 16 - \dfrac{q}{3}$ 이므로 $p = 11$이다. 이윤은 $15 \times (11 - 6) = 75$이다. 따라서 독점가격 은 15, 거래량은 9이다.

3) 1급 가격차별의 경우 수요곡선이 한계수입곡선이 되므로, 수요곡선과 한계비용곡선이 만나는 점에서 산출량이 결정되고, 그로 인해 얻는 수입은 산출량까지의 수요곡선의 아래면적이다. 그러므로 소비자 1에 게 파는 거래량은 18이고, 수입은 $270 \left(= 18 \times 6 + \dfrac{1}{2} \times 18^2 \right)$이다. 소비 자 2에게 파는 거래량은 12이고, 수입은 $108 \left(= 12 \times 6 + \dfrac{1}{2} \times 6 \times 12 \right)$ 이다. 따라서 총 수입은 378이다.

4) 3급 가격차별시 이윤극대화 조건은 $MR_1 = MR_2 = MC$ 이다. 소비자 1의 수요곡선은 $p_1 = 24 - q_1$이므로 $MR_1(q_1) = 24 - 2q_1$이다. 소비자 2의 수요곡선은 $p_2 = 12 - \dfrac{1}{2}q_2$이므로 $MR_2(q_2) = 12 - q_2$이다. $MC = 6$이므로 $24 - 2q_1 = 6$을 풀면 $q_1 = 9, p_1 = 15$이다. $12 - q_2 = 6$

을 풀면 $q_2 = 6$, $p_2 = 9$를 얻는다.

5) 4)에서 얻은 두 지역의 가격 차이는 6이므로, 4)의 결과를 그대로 시행할 수 없다. 이윤 극대화하려면 두 지역 간의 가격 차이는 정확하게 3이 되어야 한다. 즉, $p_2 = p_1 - 3$이 되어야 한다. $p_2 = p_1 - 3$를 소비자 2의 수요함수에 대입하면 $q_2 = 24 - 2(p_1 - 3) = 30 - 2p_1$을 얻는다. 그러므로 소비자 2로부터 얻는 이윤은 $(24 - 2p_2)(p_2 - 6) = (30 - 2p_1)(p_1 - 9)$이다. 소비자 1로부터 얻는 이윤은 $(24 - p_1)(p_1 - 6)$이다. 따라서 전체 이윤은 $\Pi = (30 - 2p_1)(p_1 - 9) + (24 - p_1)(p_1 - 6)$이다. Π가 p_1의 2차식이므로 p_1에 대해 미분해 0으로 놓고 풀면 $p_1 = 13$을 얻는다. 따라서 $q_1 = 11$이다. $p_2 = 10$이며 $q_2 = 4$이다.

6) 이부요금제를 $T(q) = pq + A$라 하자. 독점기업이 p를 선택할 때 소비자 1과 2의 소비자잉여는 각각 $CS_1(p) = \dfrac{(24 - p)^2}{2}$와 $CS_2(p) = \dfrac{(12 - p)(24 - 2p)}{2} = (12 - p)^2$이다. $A = CS_2(p) = (12 - p)^2$로 선택하면 두 소비자 모두에게서 A를 받을 수 있다. 따라서 이윤은 $\pi(p) = 2(12 - p)^2 + (p - 6)(48 - 3p)$이다. 이윤을 극대화하는 p를 구하기 위해 $\pi(p)$를 p에 대해 미분해 0으로 놓고 풀면 $p = 9$를 얻는다. 이 경우 이윤은 81이다. $A = CS_1(p) = \dfrac{(24 - p)^2}{2}$로 선택하면 소비자 1에게만 판매할 수 있다. 따라서 이윤은 $\pi(p) = \dfrac{(24 - p)^2}{2} + (p - 6)(24 - p)$이다. 이윤을 극대화하는 p를 구하기 위해 $\pi(p)$를 p에 대해 미분해 0으로 놓고 풀면 $p = 6$를 얻는다. 이 경우 이윤은 162이다. 후자의 이윤이 더 크므로 독점은 $p = 6$, $A = 162$로 선택한다.

16 1) 한계비용이 c일 때, 1급 가격차별 시 독점기업은 가격을 c로 책정하고

각 소비자의 소비자잉여를 얻는다. 소비자 1과 2로부터의 이윤은 각각

$\frac{(24-c)^2}{2}$와 $(12-c)^2$이므로 총 이윤은 $\frac{(24-c)^2}{2} + (12-c)^2$이다.

여기에서 연구투자비를 빼면 독점기업의 이윤은 $\Pi(c) = \frac{(24-c)^2}{2} +$

$(12-c)^2 - 3(10-c)^2$이다. $\Pi(c)$는 c에 대한 2차식이므로, c에 대해

미분해 0으로 놓고 풀면 $c = 4$을 얻는다.

2) 소비자 1과 2의 한계수입곡선은 각각 $MR_1 = 24 - 2q$, $MR_2 = 12 - q$

이다. $MR_1 = MR_2 = MC$를 풀면 한계비용이 c일 경우 $q_1 = \frac{24-c}{2}$,

$q_2 = 12 - c$이다. 소비자 1과 2로부터의 이윤은 각각 $\frac{(24-c)^2}{4}$와

$\frac{(12-c)^2}{2}$이므로 연구투자비를 빼면 독점기업의 이윤은 $\Pi(c) =$

$\frac{(24-c)^2}{4} + \frac{(12-c)^2}{2} - 3(10-c)^2$이다. $\Pi(c)$는 c에 대한 2차식이므

로, c에 대해 미분해 0으로 놓고 풀면 $c = 8$을 얻는다.

17 1) $\pi(p) = (p-10)(20-p)$이므로, 이를 극대화하는 독점가격은 15이고,

수량은 5이다.

2) $\pi(p, A) = (p-10)(20-p)\left(1 + \frac{1}{10}A - \frac{1}{100}A^2\right) - A$

3) $\pi(p, A) = (p-10)(20-p)\left(1 + \frac{1}{10}A - \frac{1}{100}A^2\right) - A$에서 p에 의존하

는 부분은 $(p-10)(20-p)\left(1 + \frac{1}{10}A - \frac{1}{100}A^2\right)$이다. 독점이윤을 극

대화하는 가격은 전적으로 $(p-10)(20-p)$에 의해 결정되므로, 광고

액에 의존하지 않는다. 광고액과 무관하게 독점가격은 1)에서 구한

15이다.

4) 광고액과 무관하게 $p^m = 15$이므로 이를 $\pi(p, A)$에 대입하면 $\pi(A) = 25\left(1 + \dfrac{1}{10}A - \dfrac{1}{100}A^2\right) - A$이다. $\pi(A)$를 A에 대해 미분해 0으로 놓으면 $25 \times \left(\dfrac{1}{10} - \dfrac{1}{50}A\right) - 1 = 0$이다. 이를 풀면 $A = 3$이다.

18 1) $MC_1(q) = 4q$, $MC_2(q) = \dfrac{4q}{3}$이므로 $4q_1 = \dfrac{4q_2}{3}$과 $q_1 + q_2 = q$를 연립해 풀면 $q_1 = \dfrac{q}{4}$, $q_2 = \dfrac{3q}{4}$이다. 비용함수는 $C(q) = C_1\left(\dfrac{q}{4}\right) + C_2\left(\dfrac{3q}{4}\right) = \dfrac{q^2}{2}$이고, 한계비용은 $MC = q$이다.

2) 두 지역의 수요함수를 더하면 $p \leq 50$이면 $D(p) = D_1(p) + D_2(p) = 120 - 2p$, $50 < p \leq 70$이면 $D(p) = D_2(p) = 70 - p$이다. 역수요함수를 구하면 $q \leq 20$일 때 $p = 70 - q$, $q \geq 20$일 때 $p = 60 - \dfrac{q}{2}$이다. 따라서 한계수입곡선은 $q \leq 20$일 때 $MR = 70 - 2q$, $q \geq 20$일 때 $MR = 60 - q$이다. $70 - 2q = q$를 풀면 $q = \dfrac{70}{3} > 20$이므로 $q \leq 20$인 조건을 충족하지 않는다. $60 - q = q$를 풀면 $q = 30 > 20$을 충족한다. 따라서 독점 거래량은 $q^m = 30$이고 독점 가격은 $30 = 120 - 2p$에 의해 $p^m = 45$이다. $MC = 30$이므로 러너지수는 $\dfrac{45 - 30}{45} = \dfrac{1}{3}$이다.

3) 3급 가격차별 시 $MR_1 = 50 - 2q_1 = MR_2 = 70 - 2q_2 = MC = q_1 + q_2$를 풀면 $q_1^m = \dfrac{35}{4}$, $p_1^m = \dfrac{165}{4}$, $q_2^m = \dfrac{95}{4}$, $p_2^m = \dfrac{185}{4}$이다.

4) $p = 50$일 때 경쟁적 주변기업의 공급량은 100은 시장 수요량 20보다 크다. 따라서 잔여수요함수는 $RD(p) = 120 - 2p - 2p = 120 - 4p$이다. $p = 30 - \dfrac{q}{4}$이므로 $MR = 30 - \dfrac{q}{2}$이다. $MR = 30 - \dfrac{q}{2} = q$를 풀면

$q^m = 20$, $p^m = 25$이다. 경쟁적 기업의 산출량은 $S(25) = 50$이다.

5) 경쟁적 주변기업은 지역 2에만 있으므로, 지역 1의 수요는 $D_1(p) = 50 - p$이고, 한계수입은 $MR_1 = 50 - 2q$이다. 지역 2의 잔여수요는 $RD(p) = D_2(p) - 2p = 70 - 3p$이고, 한계수입은 $MR_2 = \dfrac{70 - 2q}{3}$이다.

$50 - 2q_1 = \dfrac{70 - 2q_2}{3} = q_1 + q_2$를 풀면 $q_1^m = 15$, $q_2^m = 5$이다. $p_1^m = 35$, $p_2^m = \dfrac{65}{3}$이다. 경쟁적 주변기업의 산출량은 $S\dfrac{65}{3} = \dfrac{130}{3}$이다.

19 1) 한계비용이 2이므로 규제가격은 2이다. 수입은 가변비용만 충당하므로 고정비용인 120의 손실이 발생한다.

    2) 평균비용이 $AC = 2 + \dfrac{120}{q}$이므로 $2 + \dfrac{120}{q} = 45 - q$를 풀면 $q = 3$, 40이다. 규제기관은 낮은 가격을 선호하므로 $q = 40$이 되도록 $p = 45 - 40 = 5$로 책정한다.

20 1) 한계비용가격책정시 가격은 한계비용과 같은 1이고 생산량은 40이다. 이 때 소비자잉여는 800이고, 생산자잉여는 $-F$이다. 사회적 후생이 $800 - F$이므로 $800 - F > 0$, 즉 $F < 800$이면 생산을 하는 것이 더 효율적이다.

    2) 평균비용이 $AC = 1 + \dfrac{300}{q}$이므로 $AC = p$를 정리하면 $q^2 - 40q + 300 = 0$이다. 이를 풀면 $q = 10, 30$이다. 산출량이 클수록 사회적 후생이 크므로 산출량은 $q = 30$이고, 그 때 가격은 11이다. 사회적 후생은 0

부터 $q = 30$까지의 수요곡선의 면적(780)에서 $q = 30$을 생산하는 비용(330)을 뺀 450이다.

21 다음의 그림에서 보듯이 보조금 지급 전 균형은 A이고, ACD 삼각형 넓이만큼의 비효율성이 발생하고 있다. 정부가 개당 s의 보조금을 지급하면 새로운 한계비용은 $MC' = c - s$이므로 새로운 균형은 B이다. 따라서 비효율성의 크기는 삼각형 BCE의 넓이로 이전보다 작다. 산출량이 q_m에서 $q_m{'}$으로 증가하므로 정부는 $s \times (q_m{'} - q_m)$의 보조금을 다른 곳에서 걷어야 한다. 보조금을 지급하면 이 시장의 소비자들은 가격이 낮아져 후생이 증가한다. 그러나 보조금을 부담해야 하는 다른 소비자들의 후생은 감소한다.

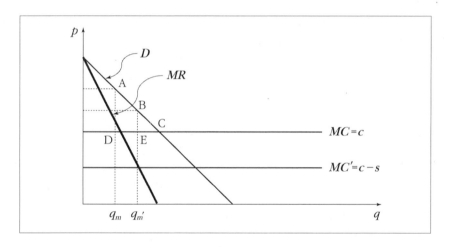

22 국내 시장보다 해외 시장에서는 다양한 차종이 경쟁한다. 따라서 대체재가 많아 국내 시장보다는 해외 시장의 수요의 가격 탄력성이 높을 것이다. 국내 시장과 해외 시장에 다르게 가격을 책정하면 해외 시장의 수요의 가격 탄력성이 크므로 가격을 낮게 책정한다. 따라서 반드시 덤핑이라고 보기 어렵다.

23 독점 균형과 완전경쟁 균형에서 독점 이윤과 소비자잉여를 각각 π_m, cs_m와 π_c, cs_c라고 하자. $\pi_m > \pi_c$이므로 독점 기업은 $\pi_m - \pi_c$의 보상을 요구한다. $cs_c + \pi_c > c_m + \pi_m$이므로 $cs_c - cs_m > \pi_m - \pi_c$이다. 즉, $cs_c - (\pi_m - \pi_c) > cs_m$이다. 따라서 가격이 완전경쟁 수준으로 결정되면 독점이 원하는 보상을 주고도 소비자잉여는 증가한다. 그러므로 독점기업의 주장은 옳지 않다.

24
1) $RD(p) = D(p) - S(p) = 40 - 2p$이다. 따라서 역수요함수를 구하면 $p = 20 - \dfrac{q}{2}$이다. 그러므로 한계수입곡선은 $MR(q) = 20 - q$이다.

2) $MR = MC$를 풀면 지배적 기업은 18만큼을 생산하고, 잔여수요함수를 이용해 가격을 구하면 11이다.

3) $MR(q) = 20 - q = MC = 1$을 풀면 지배적 기업의 생산량은 19이고, 가격은 10.5이다. 이 때 지배적 기업의 이윤은 $180.5 (= 19 \times (10.5 - 1))$이다.

4) 한계비용이 2일 때 이윤이 162이고, 한계비용이 1일 때 이윤이 180.5이므로 F가 18.5보다 작을 때 투자를 할 것이다.

01 1) **경기자 1**: a′과 b′에 대해서는 a, c′에 대해서는 b가 최적대응이므로 강우월전략을 가지지 않는다.

경기자 2: a에 대해서는 a′, b에 대해서는 b′이 최적대응이므로 역시 강우월전략을 가지지 않는다.

2) 경기자 1이 무엇을 선택하든지 관계없이 a′ 또는 b′을 선택하는 것이 c′을 선택하는 것보다 항상 낫다. 그러므로 합리적인 경기자 2는 c′을 선택하지 않는다.

3) 경기자 2가 c′를 선택하지 않으면 a가 b에 비해 항상 높은 보수를 주므로 반드시 a를 선택한다.

4) 위 2), 3)에 따라서 경기자 1이 a를 선택하고 경기자 2 또한 이를 예측하고 a′를 선택할 것이다. 따라서 최종적으로 경기자 1은 a, 경기자 2는 a′를 선택할 것이다. 경기자 1은 b를 하면 보수가 더 낮아지므로 이탈할 유인이 없고, 경기자 2 또한 다른 전략을 취할 경우 보수가 낮아지므로 이탈할 유인이 없다. 따라서 내쉬균형이다.

02 **게임 1**: 경기자 2에게 D는 A보다 어떤 경우에도 낮은 보수를 주므로 강열등전략이다. 따라서 경기자 2는 D를 선택하지 않을 것이다. 경기자 1이 그러한 사실을 고려한다면 a보다 b가 경기자 2가 선택하는 모든 전략에 대해 항상 높은 보수를 주므로 a를 선택하지 않을 것이다. 즉, a는 강

열등전략이다. 따라서 경기자 1은 b를 선택하고, 경기자 2는 C를 선택할 것이다. 경기자 1이 다른 전략 a를 선택하면 더 낮은 보수를 얻게 되므로 이탈할 유인이 없고, 경기자 2도 다른 전략을 선택하면 더 낮은 보수를 얻으므로 이탈할 유인이 없다. 따라서 내쉬균형이다.

게임 2: 경기자 1에게 c는 a보다 항상 낮은 보수를 주므로 강열등전략이다. 그러므로 경기자 2에게 경기자 1이 선택할 가능성이 있는 a, b에 대해 C는 B보다 항상 낮은 보수를 주므로 강열등전략이다. 경기자 2가 선택할 가능성이 있는 A, B에 대해 a는 경기자 1에게 b보다 낮은 보수를 주므로 a가 강열등전략이 되고, 경기자 1은 b를 선택한다. 경기자 2는 이를 예측하고 B를 선택한다. 경기자 1은 경기자 2가 B를 택할 때 다른 전략을 선택하면 보수가 낮아지므로 주어진 전략프로필 (b, B)에서 이탈할 유인이 없다. 경기자 2 또한 경기자 1이 b를 선택할 때 다른 전략을 선택할 유인이 없다. 따라서 내쉬균형이다.

게임 3: 경기자 1에게 d는 강열등전략이다. 강열등전략을 제거하고 남은 경기자 1의 전략에 대해 전략 A, D는 강열등전략이다. A, D를 제거하고 남은 경기자 2의 전략에 대해 c는 강열등전략이다. 경기자 1에게 남은 전략 a, b에 대해 C는 경기자 2에게 강열등전략이다. 따라서 경기자 2는 B를 선택하고, 경기자 1은 a를 선택한다. 경기자 1은 경기자 2가 B를 선택할 때 다른 전략을 선택하면 보수가 낮아지므로 주어진 전략프로필 (a, B)에서 이탈할 유인이 없다. 경기자 2 또한 경기자 1이 a를 선택할 때 다른 전략을 선택할 유인이 없다. 따라서 내쉬균형이다.

03

1)

1 \ 2	0	1	2	3	4	5
0	0, 0	0, 1	0, 2	0, 3	0, 4	0, 5
1	1, 0	1, 1	1, 2	1, 3	1, 4	1, 4
2	2, 0	2, 1	2, 2	2, 3	2, 3	2, 3
3	3, 0	3, 1	3, 2	2.5, 2.5	3, 2	3, 2
4	4, 0	4, 1	3, 2	2, 3	2.5, 2.5	4, 1
5	5, 0	4, 1	3, 2	2, 3	1, 4	2.5, 2.5

2) 경기자 1, 2 모두에게 0, 1, 2가 강열등전략이다. 그리고 이들 0, 1, 2를 제거한 후에는 5가 경기자 1, 2 모두에게 각각 강열등전략이 된다. 5를 제거한 이후에는 4가 경기자 1, 2에게 각각 강열등전략이 된다. 따라서 남는 전략프로필은 (3, 3)이다.

04

1) 이 경우, 다른 사람의 선택이 자신의 선택에 영향을 미치지 않으므로 잉여를 극대화하는 선택을 한다. 두 사람 모두 짜장면을 선택할 때의 잉여가 3,000원으로 잡탕밥을 선택할 때의 잉여 2,000원보다 크다. 따라서 두 사람 모두 짜장면을 주문한다.

2)

A \ B	짜장면	잡탕밥
짜장면	3, 3	0.5, 4.5
잡탕밥	4.5, 0.5	2, 2

이 경우 잡탕밥이 두 경기자 모두에게 강우월전략이므로 이 게임의 해는 (잡탕밥, 잡탕밥)이고, 이는 이 게임의 유일한 내쉬균형이기도 하다. 두 사람은 모두 잡탕밥을 주문할 것이다. 1)과 비교했을 때, 이 경우 두 사람의 보수가 각각 상대방의 선택에 영향을 받기 때문에 1)과는 달리 (잡탕밥, 잡탕밥)이란 선택을 낳았고 두 사람 전체에게 파

레토 최적인 선택 (짜장면, 짜장면)을 하지 못하였다.

05 1)

1 \ 2	신고	미신고
신고	3, 3	3*, 4*
미신고	4,* 3*	1, 1

2) 위 보수행렬 참조(검은색 *는 경기자 1의 최적대응, 파란색 *는 경기자 2의 최적대응)

3) 두 경기자 모두에게 최적대응인 전략프로필이 내쉬균형이므로, (신고, 미신고), (미신고, 신고)가 내쉬균형이다.

4) 두 명 이상이 동시에 신고하면, 신고한 사람 가운데 한 명이 미신고로 이탈하면 보수가 3에서 4로 증가한다. 따라서 두 명이 동시에 신고하는 내쉬균형은 존재하지 않는다.

5) 모든 사람이 동시에 신고하지 않을 때, 한 사람이 신고하면 보수가 1에서 3으로 증가하므로 모든 사람이 신고하지 않는 내쉬균형은 존재하지 않는다.

6) 정확하게 한 사람만 신고하는 것이 내쉬균형이다.

06 1)

A \ B	투표	미투표
투표	$1-c$, $1-c$	$3-c$, 0
미투표	0, $3-c$	1, 1

2) A 지지자와 B 지지자 모두에게 투표하는 것이 강우월전략이 된다. 따라서 내쉬균형은 (투표, 투표)이고, 죄수의 딜레마 게임과 동일하다.

3) 최적대응을 찾으면 상대방이 투표를 할 때에는 투표하지 않는 것이 최적이고, 상대방이 투표를 하지 않는다면 투표하는 것이 최적이다. 따라서 내쉬균형은 (투표, 미투표), (미투표, 투표)이다.

4) 후방귀납을 이용해 각 경기자의 선택이 위의 전개형 게임이 파란색으로 표시되어 있다. 균형에서는 A 지지자가 투표를 하고 B 지지자는 투표를 하지 않아 A가 승리하는 것이다.

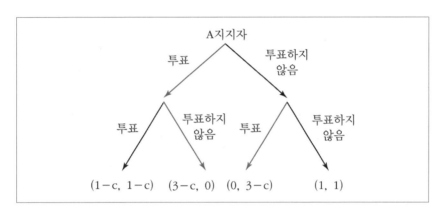

07

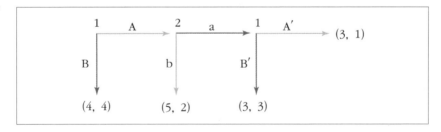

⟨게임 1⟩
두 번째 선택에서 1은 동일하게 3의 보수를 얻으므로 A′과 B′이 무차별하다. 그러나 어떤 선택을 하는지가 2의 선택에 영향을 미친다. 따라서

두 경우를 나누어 생각한다. A′을 선택하면 2는 b를 선택하면 2, a를 선택하면 1을 얻으므로 b를 선택한다. 이 경우 1은 A를 선택한다. 이 균형은 회색으로 표시되어 있다.

같은 방법으로, 1이 B′을 선택하면 2는 a, 1은 B를 선택한다. 이 균형은 파란색으로 표시되어 있다. 균형에서는 1이 B를 선택함으로써 게임은 종료된다.

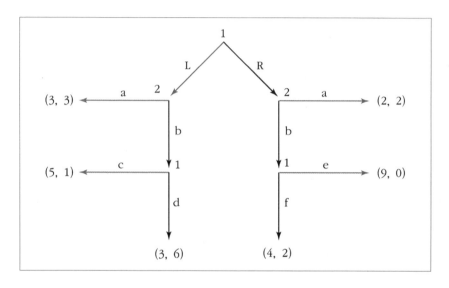

〈게임 2〉

후방귀납을 이용해 각 경기자의 선택이 위의 전개형 게임이 파란색으로 표시되어 있다. 균형에서는 1이 L, 이를 보고 2가 a를 선택함으로써 게임은 종료된다.

08 1) **A(Accept)**: 승낙, **R(Reject)**: 거절, **단위**: 만원

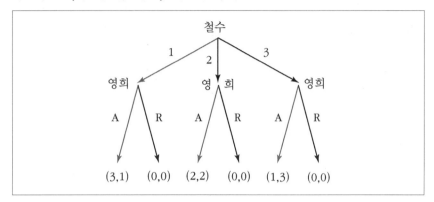

2) 후방귀납을 이용해 각 경기자의 선택이 위의 전개형 게임이 파란색으로 표시되어 있다. 균형에서는 철수가 영희 몫으로 1을 제안하고, 영희는 이 제안을 받아들인다.

3) 그렇지 않다. 후방귀납의 논리에 의하면 철수가 3만원을 제시하지 않고 1만원이나 2만원을 제시해도 영희는 합리적이기 때문에 제안을 받아들일 것이다. 다시 말하자면 영희의 위협은 신빙성이 없는 위협이다. 따라서 철수는 이러한 위협을 심각하게 받아들일 필요가 없다.

09 1)

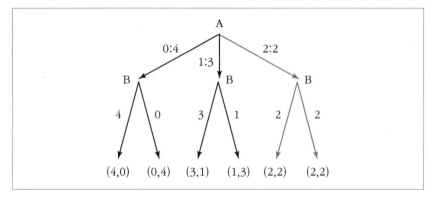

2) 후방귀납을 적용한 균형이 전개형 게임에 파란색으로 표시되어 있다. A가 다르게 나눌 경우, B는 많은 쪽을 선택하고, A는 적은 쪽을 갖게 된다. 따라서 A는 동일하게(2:2)로 나누고, B는 아무 쪽이나 선택한다.

10 아래의 표에서 먼저 시작하는 사람이 L(lose)에 위치하면 반드시 진다. 반면에 W(win)에 위치하면 반드시 이긴다.

	L	W	L	W	L	W
L	W	W	W	W	W	W
W	W	L	W	L	W	L
L	W	W	W	W	W	W
W	W	L	W	L	W	L

1) 3×5의 경우 L이므로 먼저 시작하는 경기자 1이 반드시 진다. 경기자 1이 (2, 5) 또는 (2, 4)로 움직이면 경기자 2는 (1, 3)으로 움직인다. 그 이후로는 왼쪽으로 갈 수밖에 없어서 경기자 2가 승리한다. 경기자 1이 (3, 4)로 이동하면, 경기자 2는 (3, 3)으로 이동한다. 경기자 1이 어디로 움직이던 간에 경기자 2는 (1, 2) 또는 (2, 1)로 이동할 수 있으므로 경기자 1이 반드시 진다. 요약하면, L의 위치에 있는 사람은 어디로 이동하든지 간에 W의 위치로밖에 갈 수 없다. W의 위치에 있는 사람은 항상 L의 위치로 갈 수 있다. 이 과정이 반복되면, 항상 L에 시작하는 사람은 지고, W에서 시작하는 사람은 이긴다. 이 과정은 후방귀납에 의해서 얻어진다.

2) 4×6의 경우 W이므로 경기자 1이 항상 이기는 전략이 있다.

3) 5×7인 경우 L이므로 경기자 1이 항상 진다.

11 20을 가지면 이긴다. 20을 가지려면 16을 가지면 된다. 16을 가지려면 12, 12를 가지려면 8, 8을 가지려면 4를 가지면 된다. 처음 사람이 1 이상 3 이하로 가지고 가야 하므로, 두 번째 사람이 반드시 이긴다.

일반적인 경우 후방귀납을 적용해보자. n번째 돌을 가져가는 사람이 이긴다. 따라서 이기기 위해서는 $n-4$번째 돌을 반드시 집어가야 한다. 이를 위해서는 $n-8$을 가져야 한다. 따라서 n을 4로 나누었을 때 나머지를 k라고 하면 $k=0$, 1, 2, 3이다. 처음 사람이 1 이상 3 이하로 가지고 갈 수 있으므로, $k=1$, 2, 3인 경우 첫 번째 사람이 반드시 이긴다. $k=0$인 경우에는 두 번째 사람이 반드시 이긴다. $n=20$인 경우 나머지가 0이므로 두 번째 사람이 이기는 것이다.

12 1) 30을 부르면 상대방이 31을 불러야 하므로 이길 수 있다. 그런데 30을 부르려면 26을 부르면 된다. 26을 먼저 부르면, 상대방이 27을 부르면 28, 29 30을, 27, 28을 부르면 29, 30을, 29를 부르면 30을 부르면 된다. 26을 먼저 부르려면 22를 먼저 부르면 된다. 이 같은 방법으로 22, 18, 14, 10, 6, 2를 부르면 이긴다. 따라서 먼저 부르는 사람이 1, 2를 부르고 다음부터 6, 10, 14, 18, 22, 26, 30을 부르면 항상 이긴다.

2) 33인 경우 32를 부르면 이기는데, 위의 방법을 적용해 보면 32, 28, 24, 20, 16, 12, 8, 4를 불러야 한다. 그런데 최대로 숫자를 세 개만 부를 수 있으므로 먼저 부르는 사람이 4를 부를 수 없다. 이 경우에는 나중에 부르는 사람이 항상 이긴다.

3) 이를 일반화하면, n일 경우 $n-1$을 부르면 이긴다. 따라서 $n-1$을 4로 나누었을 때 나머지를 k라고 하면 $k=0$, 1, 2, 3이다. 처음 사람이 1 이상 3 이하로 가지고 갈 수 있으므로, $k=1$, 2, 3인 경우 첫 번째 사람이 반드시 이긴다. $k=0$인 경우에는 두 번째 사람이 반드시 이긴다. $n=31$인 경우 나머지가 2이므로 처음 부른 사람이 반드시 이긴다. 반면에 33인 경우 나머지가 0이므로 두 번째 사람이 이기는 것이다.

13

1) 경기자는 $i = 1,2$, 전략집합은 $S_1 = S_2 = [0, \infty)$, 보수함수는

$$U_i(e_1, e_2) = e_1 + e_2 + \alpha e_1 \cdot e_2 - \frac{e_i^2}{2}, \ i = 1,2 \text{이다.}$$

2) $U_1(e_1, e_2)$을 e_1에 대해 미분해 0으로 놓으면, $\frac{\partial U_1}{\partial e_1} = 1 + \alpha e_2 - e_1 = 0$이다. 따라서 기업 1의 최적대응함수는 $BR^1(e_2) = 1 + \alpha e_2$이다. 같은 방법으로 기업 2의 최적대응함수는 $BR^2(e_1) = 1 + \alpha e_1$이다.

3) $\alpha = 0$이면 각 기업의 최적대응은 상대방 기업의 전략에 의존하지 않는다. 따라서 $\alpha = 0$일 때 각 기업은 강우월전략 1을 가진다.

4) 두 최적대응함수를 연립해 풀면 $e_1^* = e_2^* = \frac{1}{1-\alpha}$이다. $e_1^* = e_2^* = \frac{1}{1-\alpha}$ ≥ 0이어야 하므로 $\alpha < 1$이어야 한다. 차별화된 재화시장의 가격경쟁에서 보았듯이 $\alpha \geq 1$이면 각 기업의 전략이 전략적 보완재가 되어 e_i를 계속적으로 늘리는 것이 유리하다. 따라서 이 경우 $e_1^* = e_2^* = \infty$가 된다. 이 경우는 내쉬균형으로 받아들이기 어렵다.

제16장 과점시장과 독점적 경쟁시장

01 아래의 결과는 일반적인 경우에도 성립한다. 그러나 학부 수준에서 일반적인 경우를 설명하기가 어려우므로 선형수요과 한계비용이 일정한 경우를 살펴본다. 수요곡선이 $p = a - bq$이고, 두 기업의 한계비용이 각각 c_1과 c_2일 경우, 각 기업의 최적대응함수는 $q_1 = \dfrac{a - c_1 - bq_2}{2b}$와 $q_2 = \dfrac{a - c_2 - bq_1}{2b}$이다. 따라서 c_1이 감소하면, 모든 q_2에 대해 기업 1의 산출량은 증가한다. 즉, 기업 1의 최적대응함수가 오른쪽으로 이동한다. 기업 1의 한계비용이 감소하기 전의 내쉬균형을 (q_1^b, q_2^b)(b는 before를 의미함), 감소한 후의 내쉬균형을 (q_1^a, q_2^a)(a는 after를 의미함)라고 하자. 두 기업의 최적대응함수가 우하향하므로, 기업 1의 최적대응함수가 오른쪽으로 이동하면 기업 1의 산출량은 증가하고, 기업 2의 산출량은 감소한다. 따라서 $q_1^b < q_1^a$, $q_2^b > q_2^a$이다. 한계비용 변화 전과 후의 총산출량은 $Q^b = q_1^b + q_2^b$와 $Q^a = q_1^a + q_2^a$이다. 한 가지 방법은 구체적으로 (q_1^b, q_2^b)와 (q_1^a, q_2^a)를 계산해 Q^b와 Q^a를 비교하는 것이다. 비교하면 $Q^b < Q^a$가 성립한다.

또 다른 방법은 최적대응함수의 기울기를 이용하는 것이다. 두 기업 모두 최적대응함수의 기울기는 $\dfrac{-1}{2}$이다. 즉, 한 기업이 산출량을 늘리면(줄이면) 다른 기업은 그 기업이 늘린(줄인) 산출량의 $\dfrac{1}{2}$만큼 줄인다(늘린다). 따라서 기업 1의 한계비용이 감소해 기업 1의 산출량이 q_1^b에서 q_1^a

로 증가했을 때, 기업 2의 산출량은 기업 1의 산출량 증가분의 $\frac{1}{2}$만큼만 감소한다. 그러므로 기업 1의 산출량의 증가분이 기업 2의 산출량의 감소분보다 크다. 따라서 $Q^b < Q^a$이 성립한다. 총산출량이 증가하므로 시장가격은 하락한다. 기업 2는 산출량도 감소하고 시장가격도 하락하였으므로 이윤은 감소한다.

(아래 그림에서 검은 실선이 기업 2의 최적대응함수, 파란색 실선은 한계비용이 감소하기 전에, 파란색 점선은 한계비용이 감소한 후의 기업 1의 최적 대응함수이다.)

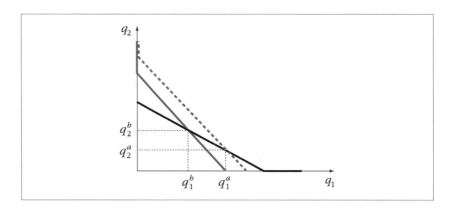

02 산출량이 1,000으로 일정할 경우, 한계비용이 200에서 100으로 감소하면 이윤은 10만원 증가한다. 그런데 문제 1에서 보았듯이 기업 1의 한계비용이 감소하면 기업 1의 산출량은 더 증가하므로 이윤은 10만원보다 많이 증가한다. 따라서 기업 1은 이 투자를 해야 한다.

03 1) 쿠르노 경쟁의 내쉬균형을 구하기 위해서 각 기업의 역수요함수를 먼저 구한다. 가격을 수량의 함수로 표시하면 각각 $p_1 = \dfrac{44 - 2q_1 - q_2}{3}$,

$p_2 = \dfrac{46 - 2q_2 - q_1}{3}$ 이다. 각 기업의 이윤은 다음과 같다.

$\pi_1 = \dfrac{(44 - 2q_1 - q_2)q_1}{3} - q_1 = \dfrac{(41 - 2q_1 - q_2)q_1}{3}$, $\pi_1 = \dfrac{(46 - 2q_2 - q_1)q_2}{3}$

$- 2q_2 = \dfrac{(40 - 2q_1 - q_2)q_1}{3}$. 각 기업의 최적대응함수는 $q_1 = \dfrac{41 - q_2}{4}$ 와

$q_2 = \dfrac{40 - q_1}{4}$ 이다. 두 식을 연립해 풀면, 내쉬균형 $(q_1^* = \dfrac{124}{15},\ q_2^* = \dfrac{119}{15})$

를 얻는다. 이를 각 기업의 역수요함수에 대입하면 가격은 각각 $p_1^* =$

$\dfrac{248}{45}$, $p_2^* = \dfrac{238}{45}$ 이다.

2) 각 기업의 이윤은 $\pi_1 = (p_1 - 1)(14 - 2p_1 + p_2)$, $\pi_2 = (p_2 - 2)(16 -$

$2p_2 + p_1)$ 이다. 따라서 각 기업의 최적대응함수는 $p_1 = \dfrac{16 + p_2}{4}$,

$p_2 = \dfrac{20 + p_1}{4}$ 이다. 두 식을 연립해 풀면 내쉬균형은 $\left(p_1^{**} = \dfrac{84}{15}, \right.$

$\left. p_2^{**} = \dfrac{96}{15} \right)$ 이다. 이를 각 기업의 수요함수에 대입하면 산출량은 각각

$q_1^{**} = \dfrac{138}{15}$, $q_2^{**} = \dfrac{132}{15}$ 이다.

3) 1)과 2)에서 보다시피 쿠르노경쟁의 내쉬균형 가격은 버트란드 경쟁의 내쉬균형이 아니다. 반대로 버트란드균형의 내쉬균형 산출량이 쿠르노경쟁의 내쉬균형이 아니다.

04 약속대로 합병하면 두 개의 기업이 존재하는 쿠르노-내쉬균형과 동일하다. 따라서 $q_A + q_B = q_C + q_D = 40$이고, 가격은 60이다. 합병하면 각각 절반씩 생산량과 이윤을 나누어 가진다고 하자. 그러면 각 기업들이 얻는 이윤은 800씩이다. 합병하지 않고 4개의 기업이 쿠르노경쟁을 하면 내쉬균형의 산출량은 24이므로(문제 5 참조) 총산출량은 96, 가격은 44이다. 따라서 각 기업의 이윤은 576이다. 각 기업의 이윤이 증가하므로 합병할 유인은 있다. 그러나 각 기업이 약속을 지킬 경우, 한 기업이, 예를 들어 기업 A가 이러한 약속을 지키지 않는다면 A의 이윤은 $\pi_A = [140 - (60 + q)]q - 20q = q(60 - q)$이다. 이윤극대화 산출량은 30이고, 그 기업이 얻는 이윤은 900이다. 따라서 각 기업이 약속을 지킬 유인이 없다.

05 기업 i의 산출량을 q_i라고 하면, 시장 전체의 산출량은 $q = \sum_{i=1}^{N} q_i$이다. 기업들이 대칭이므로 기업 1의 결정을 생각하자. 기업 1의 이윤은 $\pi_1 = p(q)q_1 - cq_1 = q_1\left(a - c - bq_1 - b\sum_{i=2}^{N} q_i\right)$이다. 따라서 최적대응함수는 $q_1 = \dfrac{a - c - b\sum_{i=2}^{N} q_i}{2b}$이다. 모든 기업들이 대칭이므로 모든 i에 대해 $q_i = q^*$이다. 이를 기업 1의 최적대응함수에 대응함수에 대입하면 $q^* = \dfrac{a - c - (N-1)bq^*}{2b}$이 된다. 이를 풀면 $q^* = \dfrac{a - c}{(N+1)b}$이다. 따라서 총산출량은 $Nq^* = \dfrac{N}{(N+1)}\dfrac{a-c}{b}$이고, 가격은 $p^* = \dfrac{a + Nc}{N+1}$이다. 만약 N이 무한대로 수렴한다면 총산출량은 완전경쟁의 산출량인 $\dfrac{a-c}{b}$로, 가격은 한계비용인 c로 수렴한다. 이는 매우 직관적인 결과이다. 기업의 수가 늘어날수록 각 기업의 시장지배력은 감소한다. 기업의 수가 무한대가 되면 각 기업의 시장지배력은 0이 되므로 완전경쟁시장이 된다.

06 $q = q_1 + q_2$라고 하자. 기업 i의 이윤은 $\pi_i = p(q)q_i - c_iq_i$이고 기업 i는 이를 극대화하는 q_i를 선택한다. π_i를 q_i에 대해 미분해 0으로 놓으면 $\frac{dp(q)}{dq}\frac{dq}{dq_i}q_i + p - c_i = 0$이다. $\frac{dq}{dq_i} = 1$이므로 이 식을 정리하면 $\frac{p - c_i}{p} = -\frac{dp}{dq}\frac{q}{p}\frac{q_i}{q}$이다. $-\frac{dp}{dq}\frac{q}{p} = \frac{1}{\epsilon}$, $\frac{q_i}{q} = s_i$이므로, $\frac{p - c_i}{p} = \frac{s_i}{\epsilon}$이 성립한다.

기업이 n개인 경우를 생각하자. $\sum_{i=1}^{n} q_i = q$라고 하자. 기업 i의 이윤은 $\pi_i = p(q)q_i - c_iq_i$이다. π_i를 q_i에 대해 미분해 0으로 놓으면 $\frac{dp(q)}{dq}\frac{dq}{dq_i}q_i + p - c_i = 0$이다. 여전히 $\frac{dq}{dq_i} = 1$이므로 이 식을 정리하면 $\frac{p - c_i}{p} = -\frac{dp}{dq}\frac{q}{p}\frac{q_i}{q}$이다. $\frac{q_i}{q} = s_i$이므로, $\frac{p - c_i}{p} = \frac{s_i}{\epsilon}$이 성립한다.

07 역수요함수를 구하면 $p = 140 - q$이다. 후방귀납을 이용해 q_1이 주어진 상황에서 기업 2의 이윤극대화 문제를 먼저 푼다. 기업 2의 이윤이 $\pi_2 = [120 - (q_1 + q_2)]q_2$이므로, 최적대응함수는 $q_2(q_1) = 60 - \frac{1}{2}q_1$이다. 기업 2의 최적대응을 고려한 기업 1의 이윤은 $\pi_1 = [120 - q_1 - q_2(q_1)]q_1 = \frac{(120 - q_1)q_1}{2}$이다. π_1을 극대화하는 산출량은 $q_1^S = 60$이다. 이를 기업 2의 최적대응함수에 대입하면 $q_2^s = 30$이다.

08 기업 2는 기업 1의 생산량과 같은 양을 생산하므로 기업 2의 최적대응함수는 $q_2(q_1) = q_1$이다. 기업 2의 최적대응을 고려한 기업 1의 이윤은 $\pi_1 = [90 - q_1 - q_2(q_1)]q_1 = (90 - 2q_1)q_1$이다. π_1을 극대화하는 산출량은 $q_1^S = \dfrac{45}{2}$이다. 이를 $q_2(q_1) = q_1$에 대입하면 $q_2^S = \dfrac{45}{2}$이다.

09 1) 기업1의 이윤은 $\pi_1 = p_1(10 - p_1 + 0.5\,p_2)$이다. 따라서 최적대응함수는 $p_1 = 5 + \dfrac{1}{4}p_2$이다. 기업 2는 1과 대칭이므로 기업 2의 최적대응함수는 $p_2 = 5 + \dfrac{1}{4}p_1$이다. 따라서 내쉬균형은 $p_1^* = p_2^* = \dfrac{20}{3}$이고 각 기업의 이윤은 $\dfrac{400}{9} \approx 44.4$이다.

2) 기업 2의 최적대응함수가 $p_2(p_1) = 5 + \dfrac{1}{4}p_1$이므로, 기업 1이 p_1을 책정하면 기업 2는 $p_2(p_1) = 5 + \dfrac{1}{4}p_1$로 책정한다. 기업 2의 최적대응을 고려한 기업 1의 이윤은 $\pi_1 = p_1[\,10 - p_1 + 0.5\,p_2(p_1)\,] = p_1\left(\dfrac{25}{2} - \dfrac{7}{8}p_1\right)$이다. 따라서 π_1은 $p_1^S = \dfrac{50}{7}$에서 극대화된다. 이를 기업 2의 최적대응함수에 대입하면 $p_2^S = \dfrac{95}{14}$이다. 기업 1의 이윤은 $\dfrac{625}{14} \approx 44.6$ 기업 2의 이윤은 $\dfrac{9025}{196} \approx 46.0$이다.

3) 스타켈버그 균형에서 두 기업의 이윤이 모두 증가한다. 그러나 추종자의 2의 이윤이 더 많이 증가한다. 따라서 기업 2가 2)의 균형에서 더 유리하다.

10 1) 기업 1의 독점가격은 각각 $p_1^m = 5$이다. 따라서 $p_2 = 6, 7, 8$이면 최적 대응은 $p_1 = 5$이다. $p_2 = 5$일 때 $p_1 = 5$이면 기업 1의 이윤은 $\frac{D(5)}{2} \times (5-2) = \frac{9}{2}$이고, $p_1 = 4$면 $D(4) \times (4-2) = 8$이다. 따라서 최적대응은 $p_1 = 4$이다. 같은 방법으로 $p_2 = 4$일 때 $p_1 = 3$이 최적대응이다. $p_2 = 3$일 때 $p_1 = 3$이면 이윤은 $\frac{D(3)}{2} \times (3-2) = \frac{5}{2}$이다. 그러나 $p_1 = 2$이면 이윤은 0이다. 따라서 $p_2 = 3$의 최적대응은 $p_1 = 3$이다. $p_2 = 2$이면 팔아도 안 팔아도 이윤은 0이므로 최적대응은 $p_1 = 2, 3, \cdots, 8$이다. $p_2 = 0, 1$이면 팔지 말아야 한다. 따라서 $p_1 > p_2$이어야 한다.

2) 기업 2의 독점가격은 $p_2^m = 6$이다. 1)과 같은 방법으로 최적대응을 계산하면, $p_1 = 7, 8$이면 최적대응은 $p_2 = 6$이다. $p_1 = 6$이면 $p_2 = 5$, $p_1 = 5$이면 $p_2 = 5$, $p_1 = 4$이면 $p_2 \geq 4$, $p_1 \leq 3$이면 $p_2 > p_1$이다. 두 기업의 최적대응이 교차하는 점을 찾으면 내쉬균형은 $(p_1, p_2) = (4, 5), (3, 4)$ 두 개가 존재한다.

11 두 기업의 독점가격은 각각 $p_1^m = 55$, $p_2^m = 60$이다. 먼저 기업 1의 최적대응을 살펴보자. $p_2 > 55$이면 $BR^1(p_2) = 55$이다. $p_2 = 55$일 때 가격이 같으면 소비자들이 기업 1에서만 구입하므로 $BR^1(55) = 55$이다. $10 < p_2 < 55$이면 $BR^1(p_2) = p_2$이다. $p_2 = 10$이면 $BR^1(10) = [10, \infty)$이다. $p_2 < 10$이면 $BR^1(p_2) = (p_2, \infty)$이다.

기업 2의 최적대응을 살펴보자. $p_2 > 60$이면 $BR^1(p_2) = 60$이다. 가격이 동일할 때 기업 2는 하나도 팔지 못하므로 $20 < p_2 \leq 60$이면 최적대응은 존재하지 않는다(가격을 약간 낮춰 시장 전체를 가지고 오는 것이

더 유리하다.). $p_2 = 20$이면 $BR^2(20) = [20, \infty)$, $p_1 < 20$이면 $BR^2(p_1) = (p_1, \infty)$이다.

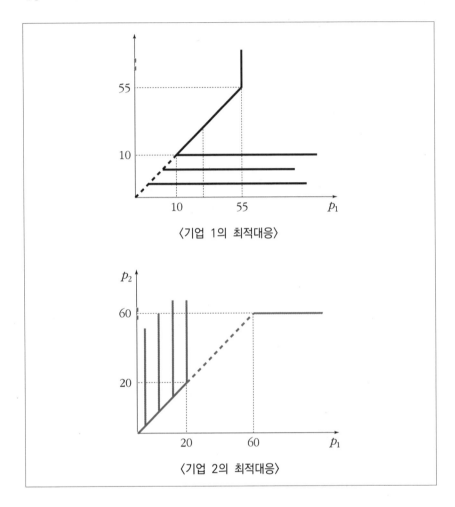

〈기업 1의 최적대응〉

〈기업 2의 최적대응〉

두 최적대응이 겹치는 부분을 찾아보면 내쉬균형은 $10 \le p_1 \le 20$, $p_2 = p_1$을 만족하는 (p_1, p_2)이다. 무한히 많은 내쉬균형이 존재한다. 혹시 독자들은 $(20, 20)$이 유일한 균형이라고 잘못 생각할 수 있다. 예를 들어 $(10, 10)$도 내쉬균형이다. $p_2 = p_1 = 10$이므로 기업 2는 생산하지 않으므로 이윤은 0이다. $p_2 < 10$이면 생산하지만 손해를 입는다. 따라서 $p_1 = 10$에 대해 $p_2 = 10$이 최적대응이다. 기업 1도 생산하지만 이윤은 0

이다. 가격을 높이면 생산하지 못해 이윤이 0이고, 낮추면 생산하지만 손실이 발생한다. 따라서 $p_2 = 10$에 대해 $p_1 = 10$도 최적대응이다.

12 1) 기업 2의 최적대응함수는 $BR^2(q_1) = \dfrac{12 - q_1}{2}$ 이다. 따라서 기업 1은

$\pi_1 = \left[16 - q_1 - \dfrac{12 - q_1}{2} \right] q_1 = \dfrac{(20 - q_1)q_1}{2}$ 를 극대화한다. $\dfrac{d\pi_1}{dq_1} =$

$\dfrac{20 - 2q_1}{2} = 0$을 풀면 $q_1^S = 10$이고 기업 2는 $q_2^S = BR^2(10) = 1$을 생산한다. $p^S = 9$이므로 기업 1과 2의 이윤은 각각 50과 1이다. 기업 1의 최적대응함수는 $BR^1(q_2) = \dfrac{16 - q_2}{2}$ 이므로 $BR^1(1) = \dfrac{15}{2} \neq 10$이다.

2) q_2가 선택되면 기업 1은 $BR^1(q_2) = \dfrac{16 - q_2}{2}$ 를 선택한다. 이 사실을 알고, 첫 번째에 기업 1이 무엇을 선택하든 관계없이 기업 2는 $\pi_2 = \left[12 - q_2 - \dfrac{16 - q_2}{2} \right] q_2 = \dfrac{(8 - q_2)q_2}{2}$ 를 극대화하는 $q_2 = 4$를 선택한다. 이를 보고 기업 1은 $q_1 = BR^1(4) = 6$을 선택한다. 이때 기업 1의 이윤은 36으로 1)보다 작다. 한 번 더 조정할 기회를 가짐으로써 기업 1은 스타켈버그 선도자의 지위를 상실한다. 그러므로 기업 1에게 불리하다.

13 1) 두 기업의 최적대응함수는 동일하게 $BR(q) = \dfrac{12-q}{2}$ 이다. $\dfrac{12-q}{2} = q$ 를 풀면 내쉬균형은 $q_1^* = q_2^* = 4$ 이다.

2) $BR(q) = \dfrac{12-q}{2} = 3$ 을 풀면 $q = 6$ 이다. 생산용량 제약으로 기업 2의 최적 대응함수는 $q_1 \geq 6$ 이면 $BR^2(q_1) = \dfrac{12-q_1}{2}$, $q_1 < 6$ 이면 $BR^2(q_1) = 3$ 이다. 두 최적대응함수의 교점을 구하면 내쉬균형은 $q_1^* = \dfrac{9}{2}$, $q_2^* = 3$ 이다.

14 기업 2의 선택이 $q_2 = q_1 + 10$ 이다. 이 사실을 알고, 기업 1은 $\pi_1 = [110 - q_1 - (q_1 + 10)]q_1 = (100 - 2q_1)q_1$ 을 극대화한다. $\dfrac{d\pi_1}{dq_1} = 100 - 4q_1 = 0$ 을 풀면 $q_1^* = 25$, $q_2^* = 35$ 이다.

제17장 요소시장

01 주어진 시간이 T일 경우, 여가(R)가 T일 때 소비재(y)를 계속 증가시킬 때의 한계대체율 $MRS(T, y)$가 어떻게 변화하느냐에 따라서 달라진다. 왜냐하면 $MRS(T, y)$의 크기가 바로 노동을 공급하기 시작하는 최소한의 임금 $\underline{w}$이기 때문이다. 그러므로 효용함수의 모양에 따라 불로소득이 커질 때 $\underline{w}$가 커질지 혹은 작아질지 아니면 일정한 값을 취할지를 판별할 수 있다. 그래서 다음과 같은 경우를 생각할 수 있다.

첫째, 불로소득이 클수록 $\underline{w}$가 커지는 경우가 있다. 이는 소비자가 많을수록 한계대체율이 증가하는 경우이다.

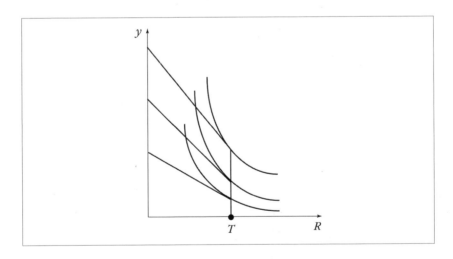

둘째, 불로소득이 클수록 $\underline{w}$가 작아지는 경우가 있다. 소비재가 많을수록 한계대체율이 작아지는 경우이다.

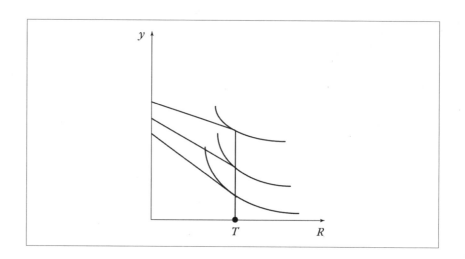

02   1) $MRTS = \dfrac{K}{L}$ 이고 $\dfrac{w}{r} = 1$ 이므로 $\dfrac{K}{L} = 1$ 과 $\sqrt[3]{LK} = 100$ 을 풀면

$L^* = K^* = 1,000$ 이다.

  2) 이윤은 $\pi = 30,000\sqrt[3]{LK} - 10L - 10K$ 이다. 노동과 자본의 한계생산

이 $MP_L = \dfrac{\sqrt[3]{K}}{3\sqrt[3]{L^2}}$, $MP_K = \dfrac{\sqrt[3]{L}}{3\sqrt[3]{K^2}}$ 이므로 $30,000 \times \dfrac{\sqrt[3]{K}}{3\sqrt[3]{L^2}} = 10$

과 $30,000 \times \dfrac{\sqrt[3]{L}}{3\sqrt[3]{K^2}} = 10$ 을 연립해 풀면 $L^* = K^* = 10^9$ 이다.

03   풀이 1: $MP_L = \dfrac{\sqrt[3]{K}}{3\sqrt[3]{L^2}}$, $MP_K = \dfrac{\sqrt[3]{L}}{3\sqrt[3]{K^2}}$, 수요곡선이 $p = 200 - q$ 이므

로 한계수입곡선은 $MR = 200 - 2q$ 이다. 노동과 자본의 한계생산가치

는 각각 $MRP_L = \dfrac{\sqrt[3]{K}}{3\sqrt[3]{L^2}}(200 - 2\sqrt[3]{LK})$, $MRP_K = \dfrac{\sqrt[3]{L}}{3\sqrt[3]{K^2}}(200 -$

$2\sqrt[3]{LK}$), $MRP_K = \dfrac{\sqrt[3]{L}}{3\sqrt[3]{K^2}}(200 - 2\sqrt[3]{LK}\,)$이므로 $MRP_L = 10$과

$MRP_K = 10$을 연립해 풀면 $L^* = K^* = 125$이다.

풀이 2: 먼저 조건부 요소수요함수와 비용함수를 계산하자. $MRTS = \dfrac{K}{L}$

이고 $\dfrac{w}{r} = 1$이므로 $\dfrac{K}{L} = 1$과 $\sqrt[3]{LK} = q$를 풀면, 노동과 자본의 조건부

요소수요함수인 $L^* = K^* = \sqrt{q^3}$을 얻는다. 따라서 비용함수는 $C(q) = 20\sqrt{q^3}$이고, 한계비용은 $MC = 30\sqrt{q}$이다. 수요곡선이 $p = 200 - q$이므로 한계수입곡선은 $MR = 200 - 2q$이다. $MR = MC$를 풀면 $\sqrt{q} = 5$를 얻는다. $\sqrt{q^3} = 125$이므로 $L^* = K^* = 125$이다.

04 노동의 한계생산은 $MP_L = \dfrac{a}{2\sqrt{L}}$, 한계수입은 $MR = 160 - 2q$이므로

노동의 한계생산가치는 $MRP_L = \dfrac{a}{2\sqrt{L}}(160 - 2a\sqrt{L}\,)$이다. $MRP_L = w$

를 L에 대해 풀면, $L^* = \dfrac{6{,}400a^2}{(a^2 + w)^2}$을 얻는다. $\dfrac{\partial L^*}{\partial a} = \dfrac{12{,}800(w - a^2)a}{(a^2 + w)^3}$

이므로 $w < a^2$인 영역에서는 a가 증가할 때 노동의 수요는 감소한다. 반면에 $w > a^2$인 영역에서는 a가 증가할 때 노동의 수요는 증가한다.

05 L을 고용하려면 임금을 $w = 10 + 2L$를 지불해야 하므로 총고용비용은

$TLC = L(10 + 2L) = 10L + 2L^2$이다. 따라서 한계노동비용은 $MLC = \dfrac{dTF}{dL} = 10 + 4L$이다.

06 1) q를 생산하는 등량곡선은 $L+K=q^2$이므로, 기술적 한계대체율은 1 이다. 따라서 $\frac{w}{r}>1$이면 자본만 사용하는 것이 최선이다. 그러므로 $L^*=0$, $K^*=q^2$이고, 비용은 $C(q)=rq^2$이다. $\frac{w}{r}<1$이면 노동만 사용하는 것이 최선이다. 그러므로 $L^*=q^2$, $K^*=0$이고, 비용은 $C(q)=wq^2$이다. $\frac{w}{r}=1$이면 $L+K=q^2$를 만족하는 모든 요소결합이 비용을 극소화한다. $L^*\in[0,\ q^2]$, $K^*=q^2-L^*$이고, 비용은 $C(q)=rq^2$ $(=wq^2)$이다. 위의 세 경우를 통합해 비용함수는 다음과 같이 쓸 수 있다. $C(q)=\min\{w,\ r\}q^2$.

2) 비용함수가 $C(q)=\min\{w,\ r\}q^2$이므로 한계비용은 $MC=2\min\{w,\ r\}q$이다. 가격수용자의 이윤극대화 조건은 $MC=p$이므로, 이를 q에 대해 풀면 공급함수 $q^*=S(p:w,r)=\dfrac{p}{2\min\{w,\ r\}}$을 얻는다. 이를 풀어서 쓰면 다음과 같다.

$\frac{w}{r}>1$: $\min\{w,\ r\}=r$이므로 $q^*=\dfrac{p}{2r}$이다. 이를 장기조건부요소수요함수에 대입하면, $L^*=0$, $K^*=\dfrac{p^2}{4r^2}$이다.

$\frac{w}{r}<1$: $\min\{w,\ r\}=w$이므로 $q^*=\dfrac{p}{2w}$이다. 이를 장기조건부요소수요함수에 대입하면, $L^*=\dfrac{p^2}{4w^2}$, $K^*=0$이다.

$\frac{w}{r}=1$: $\min\{w,\ r\}=r=w$이므로 $q^*=\dfrac{p}{2r}=\dfrac{p}{2w}$이다. 이를 장기조건부요소수요함수에 대입하면, $L^*\in[0,\ (q^*)^2]$, $K^*=(q^*)^2-L^*$이다.

07
1) $R = 24 - L$로 치환하면, 효용함수는 $V(R, y) = R^2 y$, 예산선은 $wR + y = 24w$이다. 콥-더글라스 효용함수이므로, 임금과 무관하게 $R = \dfrac{2}{3}\dfrac{M}{w} = \dfrac{24w}{w} = 16$이다. 따라서 8시간 일한다. 이 때, $y = \dfrac{8}{2} = 4$이다.

2) 새로운 예산선은 기울기가 $-\dfrac{4}{5}$이고 $(16, 4)$를 지난다. 따라서 $\dfrac{4}{5}R + y = \dfrac{84}{5}$이다. 이 때 $R = \dfrac{2}{3} \times \dfrac{\frac{84}{5}}{\frac{4}{5}} = 14$이다. 따라서 10시간 일하므로, 추가적으로 두 시간 더 일한다. 이 때, $y = 4 + \dfrac{4}{5} \times 2 = \dfrac{28}{5}$이다.

3) 새로운 예산선은 기울기가 $-w$이고 $(14, \dfrac{28}{5})$를 지나므로, $wR + y = 14w + \dfrac{28}{5}$이다. 이 때 여가에 대한 수요는 $R = \dfrac{2}{3} \dfrac{14w + \frac{28}{5}}{w} = 12$이어야 한다. 이를 풀면, $w = \dfrac{7}{5}$이다.

08
1) $R = 24 - L$이라고 하면, 효용함수는 $V(R, y) = Ry$이고, 예산선은 $R + y = 24 + y_0$이다. 한계대체율이 $MRS = \dfrac{y}{R}$이므로 $(24, y_0)$에서의 MRS가 예산선의 기울기인 1보다 작지 않으면 $(24, y_0)$에서 코너해를 가진다. 따라서 $\dfrac{y_0}{24} \geq 1$, 즉 $y_0 \geq 24$이면 일을 하지 않는다.

2) 예산선은 $R + y = 36$, $\dfrac{y}{R} = 1$을 풀면 $R = 18$을 얻는다. 따라서 6시간 일한다.

3) 임금이 2이면 예산선은 $2R + y = 60$이고, $\frac{y}{R} = 2$이어야 한다. $R = 15$ 이므로 9시간 일한다.

4) 2)에서 6시간 일해 소비재를 추가적으로 6 단위 얻는다. 따라서 새로운 예산선은 $(18, 18)$을 지나고 기울기는 -2이다. 그러므로 예산선은 $2R + y = 54$이다. $\frac{y}{R} = 2$와 연립해 풀면 $R = 13.5$이다. 따라서 10.5 시간 일한다.

09 1) $U = Ry$이므로 한계대체율은 $MRS = \frac{y}{R}$ (R을 가로축에 놓음)이다. 임금이 $(20, 100)$에서의 한계대체율 $MRS = \frac{y}{R} = \frac{100}{20} = 5$이하이면 일을 하지 않는다.

2) 임금이 $w(> 5)$일 때 예산선은 $wR + y = 20w + 100$이다. $MRS = \frac{y}{R} = w$와 예산선을 연립해 풀면 $R^* = 10 + \frac{50}{w}$이다. 따라서 노동공급곡선은 $L^* = 20 - R^* = 10 - \frac{50}{w}$로 w의 감소함수이다. 후방굴절하지 않는다.

3) $w = 25$일 때 $R^* = 12$이므로 $L^* = 8$, $y^* = 300$이다. 8시간 이상일 때 $w > 25$인 초과수당을 주면 예산선은 $wR + y = 12w + 300$이다. $MRS = \frac{y}{R} = w$과 예산선을 연립해 풀면 $R^* = 6 + \frac{50}{w}$이다. w가 무한대로 가면 $R^* = 6$, 즉 $L^* = 14$이다. 최대 6시간 일을 더 시킬 수 있다.

10 1) A의 생산함수가 $q = L$이므로 $MP_L = 1$, 한계수입은 $MR = 120 - 2q$이다. A가 요소시장에서 가격수용자이므로 요소수요곡선은 $MRP_L = MP_L \times MR = 120 - 2L$이다. B가 요소시장의 독점기업이므로 B의 한계수입은 $MR_B = 120 - 4L$이다. $120 - 4L = 20 + L$을 풀면 $L = 20$, $w = 80$, $q = L = 20$이므로 $p = 100$이다.

2) L시장에서 B가 가격수용자, A가 가격설정자라는 것은 곧 수요독점이라는 의미이다. 따라서 B의 한계비용 $MC = 20 + L$은 L의 역공급함수이다. L을 고용할 때 A는 $L \times (20 + L)$를 지불해야 하므로 한계노동비용은 $MLC = 20 + 2L$이다. $MRP_L = MLC$를 풀면 $L = 25$, $w = 70$, $q = L = 25$이므로 $p = 95$이다.

11 1) 노동공급곡선을 역공급함수의 형태로 표시하면 $w = \dfrac{L}{80}$이다. 따라서 노동의 총고용비용은 $TLC = \dfrac{L^2}{80}$이고, 한계노동비용은 $MLC = \dfrac{L}{40}$이다.

2) 기업은 $MRP = MLC$가 되도록 노동을 고용한다. $15 - \dfrac{L}{40} = \dfrac{L}{40}$을 풀면 $L^* = 300$을 얻는다. 이를 $w = \dfrac{L}{80}$에 대입하면 임금은 $\dfrac{15}{4}$이다.

3) $w = 4$일 때 $L = 320$이고, $L = 320$일 때 $MLC = 8$이다. 따라서 최저임금제하에서 한계노동비용곡선은 $L = 320$까지는 $w = 4$인 수평선이고, $L = 320$에서 8로 점프한 후 그 이후에는 이전처럼 $MLC = \dfrac{L}{40}$이다. $L = 320$에서 $MRP = 7$이므로 $L = 320$에서 $MRP = MLC$이 성립한다. 이를 그림으로 보면 다음과 같다. 최저임금제하에서 한계노동비용곡선은 점선으로 표시되어 있다.

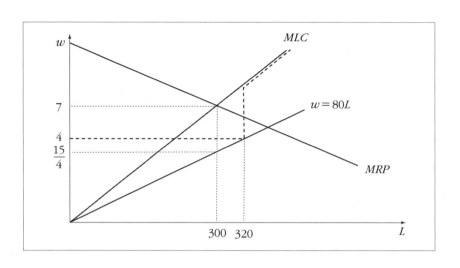

12 1) $p = 5$이고 $MP_L = 2$이므로 $VMP_L = 10$이다.

2) 노동시장이 완전경쟁일 경우 균형조건은 $w = VMP_L$이다. $VMP_L = 10$이므로 균형임금은 남녀 모두 10이다. 이를 남자와 여자의 공급곡선에 대입하면 $L_m^* = 240$와 $L_w^* = 400$이다.

3) 남자: $w = \dfrac{L}{24}$이므로 총고용비용은 $TLC_m = \dfrac{L^2}{24}$이다. 따라서 한계노동비용은 $MLC_m = \dfrac{L}{12}$이다.

여자: $w = \dfrac{\sqrt{L}}{2}$이므로 총고용비용은 $TLC_w = \dfrac{L\sqrt{L}}{2}$이다.

따라서 한계노동비용은 $MLC_w = \dfrac{3\sqrt{L}}{4}$이다.

4) 수요독점일 경우 균형조건은 $MLC = VMP_L$이다. $VMP_L = 10$이므로 $MLC_m = 10$을 풀면 $L_m^* = 120$이다. $MLC_w = 10$을 풀면 $L_w^* = \dfrac{1,600}{9}$이다.

5) 임금이 w일 때 남자와 여자의 노동공급의 합은 $L = 24w + 4w^2$이다. 시장의 노동공급곡선이 2차식이므로 역공급함수를 구하기가 쉽지 않다. 따라서 L 대신 w를 먼저 구하도록 한다. 임금이 w일 때 $L = 24w + 4w^2$이므로 수입은 $5 \times 2L = 10(24w + 4w^2)$이다. 비용은 $wL = w(24w + 4w^2)$이다. 따라서 이윤은 $\pi = 10(24w + 4w^2) - w(24w + 4w^2) = 240w + 16w^2 - 4w^3$이다. $\dfrac{d\pi}{dw} = 240 + 32w - 12w^2 = 0$을 풀면 $w = 6$을 얻는다. 이를 남자와 여자의 공급곡선에 대입하면 $L_m^* = 144$와 $L_w^* = 144$이다.

13 X재 한 단위의 가격인 w가 바로 A 기업의 한계비용이다. $p = 100 - q$이므로 $MR = 100 - 2q$이다. $MR = w$를 풀면 $q = \dfrac{100 - w}{2}$이다. 따라서 A 기업은 $q = \dfrac{100 - w}{2}$을 구매해 자신이 독점하는 시장에 팔고자 한다. 그러므로 A의 X에 대한 수요함수가 바로 $q = \dfrac{100 - w}{2}$이다.

14 B가 가격을 w로 책정할 때의 수요곡선이 $q = \dfrac{100 - w}{2}$이다. 역수요함수를 구하면 $w = 100 - 2q$이므로 B의 한계수입은 $MR = 100 - 4q$이다. B의 한계비용이 2이므로 $MR = 2$를 풀면 $q = \dfrac{49}{2}$이다. 이를 $w = 100 - 2q$에 대입하면 $w = 51$이다. $q = \dfrac{49}{2}$를 $p = 100 - q$에 대입하면 $p = \dfrac{151}{2}$이다. 따라서 A는 $p = \dfrac{151}{2}$에 판매한다.

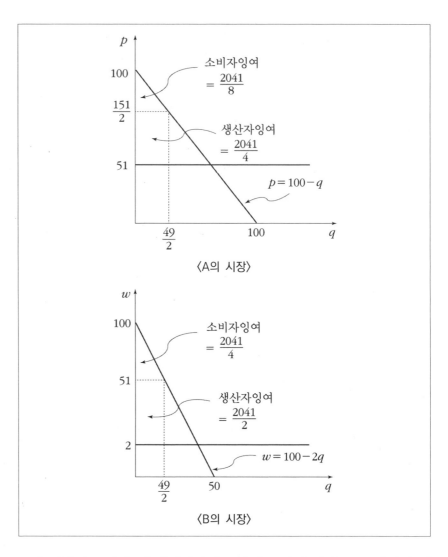

〈A의 시장〉

〈B의 시장〉

각 시장의 소비자 및 생산자잉여는 위의 그림과 같다. A는 자신의 시장에서는 생산자이지만 B의 시장에서는 소비자이다. 그러므로 A의 시장의 생산자잉여와 B의 시장의 소비자잉여는 일치한다.

A와 B가 합병해 한 회사가 되면 한계수입은 $MR = 100 - 2q$, 한계비용은 2가 된다. $MR = 2$를 풀면 $q = 49$이고, $p = 51$이다. 이 때 소비자잉여는 $\dfrac{2041}{2}$이고, 생산자잉여는 2041이다. 산출량이 증가하였으므로 소비자잉여는 증가한다. 두 회사가 합병했을 때의 생산자잉여는 개별 회사였을

때의 생산자잉여의 합($\frac{2041 \times 3}{4}$)보다 크다.

15 1) $MR = 40 - 2q = 40 - 2\sqrt{L}$, $MP_L = \frac{1}{2\sqrt{L}}$ 이므로 $w = MRP =$

$MR \cdot MP_L = \frac{20 - \sqrt{L}}{\sqrt{L}}$ 이 (역)노동수요함수이다. $\frac{20 - \sqrt{L}}{\sqrt{L}} = \sqrt{L}$

을 풀면 $L^* = 16$이다.

2) 노동공급곡선이 $w = \sqrt{L}$ 이므로 L을 고용하는 비용은 $L\sqrt{L}$ 이다.

따라서 한계노동비용은 $MLC = \frac{3\sqrt{L}}{2}$ 이다. $\frac{20 - \sqrt{L}}{\sqrt{L}} = \frac{3\sqrt{L}}{2}$ 을

풀면 $L^* = \frac{100}{9}$ 이다.

16 1) $MP_L = \frac{1}{2\sqrt{L}}$, $MP_K = \frac{1}{2\sqrt{K}}$ 이므로 $VMP_L = pMP_L = \frac{60}{\sqrt{L}} = 10$,

$VMP_K = pMP_K = \frac{60}{\sqrt{K}} = 10$를 풀면 $L^* = K^* = 36$, $A = (36, 36)$

이다.

2) $VMP_L = pMP_L = \frac{60}{\sqrt{L}} = 5$를 풀면 $L^* = 144$이다. 자본수요는 동일

하게 $K^* = 36$이다. $L^* = K^* = 36$이면 $q = 12$이다. $\sqrt{L} + \sqrt{K} = 12$

제약하에서 $5L + 10K$를 극소화하려면 $MRTS = \frac{\sqrt{K}}{\sqrt{L}} = \frac{1}{2}$와 $\sqrt{L} +$

$\sqrt{K} = 12$를 연립해 풀면 $L^{**} = 64$, $K^{**} = 16$, $B = (64, 16)$이다.

따라서 대체효과는 $B - A = (28, -20)$이다.

다음으로 $L^* = 144$, $K^* = 36$이면 $q = 18$이다. $\sqrt{L} + \sqrt{K} = 12$ 제약 하에서 $5L + 10K$를 극소화하려면 $MRTS = \dfrac{\sqrt{K}}{\sqrt{L}} = \dfrac{1}{2}$와 $\sqrt{L} + \sqrt{K}$ $= 18$를 연립해 풀면 $L^0 = 144$, $K^0 = 36$, $C = (144, 36)$이다. 따라서 산출량효과는 $C - B = (80, 20)$이다.

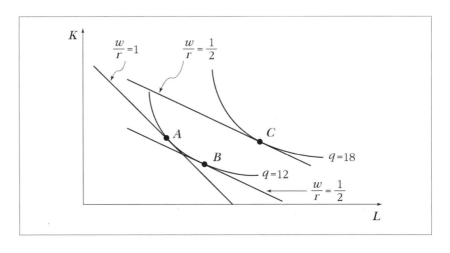

3) $VMP_L = \dfrac{100}{\sqrt{L}}$, $VMP_K = \dfrac{100}{\sqrt{K}}$이다. 자본시장에서는 가격수용자이므로 $\dfrac{100}{\sqrt{K}} = 10$를 풀면 $K^* = 100$이다. 노동시장에서 수요독점이고 공급곡선이 $w = 10L$이므로 L을 고용하는 비용은 $10L^2$이다. 따라서 $MLC = 20L$이다. $\dfrac{100}{\sqrt{L}} = 20L$을 풀면 $L^* = 5^{\frac{2}{3}}$이다.

4) 자본시장은 변화가 없다. 노동시장에서 가격수용자이면 $\dfrac{100}{\sqrt{L}} = 10L$를 풀면 된다. $L^* = 10^{\frac{2}{3}}$이다.

01 1) $PDV = \dfrac{500}{1.1} + \dfrac{500}{1.1^2} + \cdots = \dfrac{500}{0.1} = 5{,}000$만원

2) $PDV = \dfrac{1{,}000}{1.1} + \dfrac{1{,}000}{1.1^2} + \dfrac{1{,}000}{1.1^3} \approx 2{,}487$만원

3) $PDV = \dfrac{100}{1.1^6} + \dfrac{100}{1.1^7} + \dfrac{100}{1.1^8} + \cdots = \dfrac{100}{1.1^6 \times 0.1} \approx 564$만원

02 $PDV = -1.8 + \dfrac{1.5}{1+r} + \dfrac{1.8}{(1+r)^2} = 0$를 풀면 $1+r = \dfrac{3}{2}$, 즉 $r = \dfrac{1}{2}$이다.

03 $MRS = \dfrac{c_2}{c_1} = 1.1$과 예산선 $c_1 + \dfrac{c_2}{1.1} = 100$를 풀면 $c_1 = 50$, $c_2 = 55$이다.
따라서 소비자는 미래소비를 위해 50을 저축한다.

04 금리를 높이면 돈을 빌려주는 경제주체의 후생은 증가한다. 그러나 돈을 빌리는 경제주체의 후생은 감소할 수 있다. 국가 내에는 돈을 빌리는 경

제주체뿐 아니라, 돈을 빌려주는 경제주체도 있으므로 금리를 올리는 것이 모든 국민의 후생을 하락시킨다고 말할 수 없다.

05

1) 편의상 모든 비용과 수입은 연말에 발생한다고 가정한다. 3년 동안 매년 2,000만원의 학비를 지불해야 하므로 비용의 현재할인가치는 다음과 같다.

$$PDV_C = \frac{2,000}{1+r} + \frac{2,000}{(1+r)^2} + \frac{2,000}{(1+r)^3}.$$

2) 법학대학원에 다니는 3년 동안에는 취업했을 때 벌 수 있는 5,000만원을 벌 수 없다. 그러나 그 이후에는 취업했을 때보다 5,000만원씩을 더 번다. 따라서 혜택의 현재할인가치는 다음과 같다.

$$PDV_B = -\frac{5,000}{1+r} - \frac{5,000}{(1+r)^2} - \frac{5,000}{(1+r)^3} + \frac{5,000}{(1+r)^4} + \frac{5,000}{(1+r)^5} +$$

$$\cdots + \frac{5,000}{(1+r)^{30}}$$

$$= -\frac{5,000}{1+r} - \frac{5,000}{(1+r)^2} - \frac{5,000}{(1+r)^3} + \frac{5,000}{r(1+r)^3}\left[1 - \frac{1}{(1+r)^{27}}\right].$$

3) 비용과 편익의 현재할인가치가 어느 쪽이 큰가 하는 것은 연이자율의 크기에 달려있다. 연이자율이 작을수록 미래 수입에 대한 할인이 작으므로 편익이 비용보다 크다. 그러나 연이자율이 클수록 미래 수입에 대한 할인이 크므로 비용이 편익보다 크다. 비용과 편익이 같아지는 정확한 r의 크기를 계산하기 어려우나, 몇 개의 값에 대해 계산하면 다음과 같다.

$r = 0.01;\ PDV_C \approx 5881.97,\ PDV_B \approx 99628.7.$
따라서 법학대학원에 진학하는 것이 유리하다.
$r = 0.1;\ PDV_C \approx 4973.7,\ PDV_B \approx 22266.1.$
따라서 법학대학원에 진학하는 것이 유리하다.

$r = 0.2;\ PDV_C \approx 4212.96,\ PDV_B \approx 3829.87.$

따라서 바로 취업하는 것이 유리하다.

06 리스비용의 현재할인가치: $PDV_{리스} = 4,000 + \dfrac{4,400}{1.1} = 8,000$달러.

구매비용의 현재할인가치: $PDV_{구매} = 30,000 - \dfrac{24,200}{1.1^2} = 10,000$달러.

리스비용의 현재할인가치가 더 작으므로 리스를 하는 것이 더 유리하다.

07 1) x_1, x_2를 각각 부도가 나지 않을 상황과 부도가 날 상황의 조건부상품
이라고 하자. 그리고 소비자가 구매하는 채권투자액을 z라 하자. 그
러면 $x_1 = (1,000 - z) + 1.2z = 1,000 + 0.2z,\ x_2 = (1,000 - z) + 0.5z$
$= 1,000 - 0.5z$이다. z를 소거하면 $5x_1 + 2x_2 = 7000$를 얻는다. 단,
x_1의 범위는 $1000 \le x_1 \le 1200$이다.

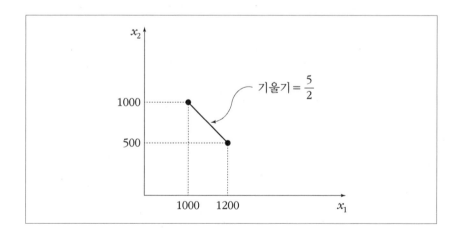

2) $x_1 = x_2$에서 한계대체율은 $MRS = \dfrac{0.8\,u'(x_1)}{0.2\,u'(x_2)} = 4$이고 상대가격은 $\dfrac{5}{2}$

이다. 한계대체율이 상대가격보다 크고, 소비자가 위험 기피적이므로 소비자는 반드시 채권에 투자한다.

3) 부도가 나지 않을 때 수익이 1.3이 되면 $x_1 = 1000 + 0.3z$, $x_2 = 1,000 - 0.5z$이므로 새로운 예산선은 $5x_1 + 3x_2 = 8000$이다. 따라서 예산선의 기울기는 $\dfrac{5}{2}$에서 $\dfrac{5}{3}$로 감소한다. 원래의 예산선이나 새로운 예산선 모두 제 7장의 실물부존 모형의 예산선이다. 두 경우 모두 실물부존이 (1000, 1000)이다. $x_1 \geq 1,000$이어야 하므로 소비자는 재화 1의 구매자이다. 예산선의 기울기가 $\dfrac{5}{2}$에서 $\dfrac{5}{3}$로 감소하는 것은 재화 1의 가격 하락으로 볼 수 있다. 따라서 소비자의 효용은 증가한다. 채권투자액의 증가 여부는 대체효과와 소득효과의 크기에 달려있다. 재화1의 가격이 하락하므로 대체효과에 의해서는 재화1의 소비가 증가한다. 즉, 채권투자액이 증가한다. 소비자가 재화1의 구매자이므로, 재화1 가격의 하락은 실질소득의 증가를 의미한다. 재화1이 정상재이면 소득효과에 의해서도 채권투자액은 증가한다. 반면에 재화1이 열등재이면 소득효과에 의해 채권투자액은 감소한다. 이 경우 대체효과가 소득효과를 압도하면 채권투자액은 증가한다. 그러나 소득효과가 더 크면 채권투자액은 감소할 수 있다.

08 1) x_1, x_2를 각각 부도가 날 상황과 부도가 나지 않을 상황에서 조건부상품이라고 하자. 단위를 억이라고 한다면, 채권은 $(1, 2)$, 주식은 $(0, 2.5)$로 표현된다.

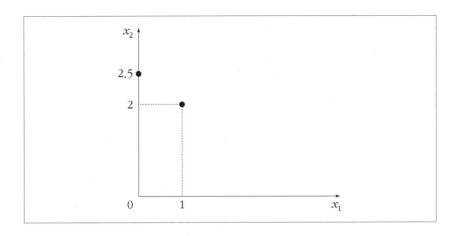

2) $(1,2)$를 통과하고 기댓값은 $0.2\,x_1 + 0.8\,x_2$이므로 $x_1 + 4x_2 = 9$이다.

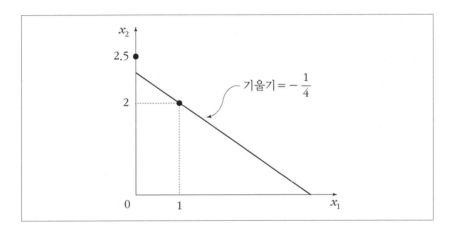

3) **위험 기피적**: 채권의 경우 주식보다 위험은 작으나, 기댓값은 주식이 크다. 따라서 무차별곡선의 형태에 따라서 선택이 달라질 수 있다.

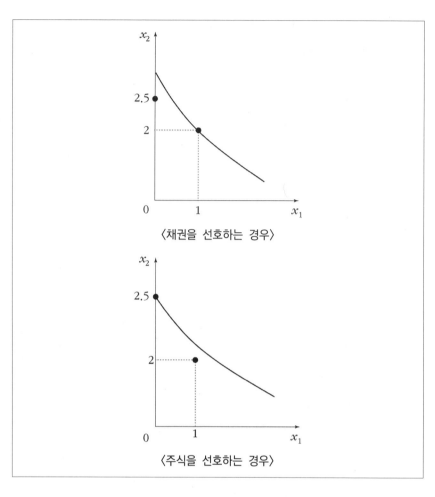

〈채권을 선호하는 경우〉

〈주식을 선호하는 경우〉

위험 중립적: 이 경우는 기댓값만을 따진다. 그런데 주식의 기댓값은 2로 채권의 기댓값인 $\frac{9}{5}$ 보다 크므로 주식에 투자한다.

위험 애호적: 주식이 채권보다 더 위험하고 기댓값도 크므로 주식에 투자한다. 다음 그림에서 보다시피 위험 애호적인 경우 항상 $\frac{1}{5}u(0) + \frac{4}{5}u(\frac{5}{2}) > \frac{1}{5}u(1) + \frac{4}{5}u(\frac{5}{1})$ 이다.

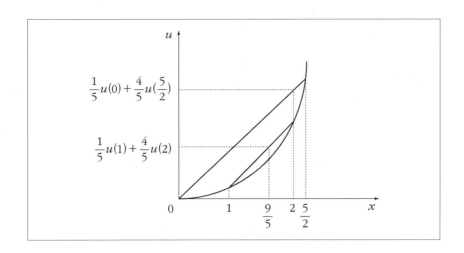

4) 이 경우 예산선의 기울기는 $-\dfrac{1}{4}$이다. 채권을 선택할 때의 예산선은 $x_1 + 4x_2 = 9$이다. 반면에 주식을 선택할 경우 예산선은 $x_1 + 4x_2 = 10$이다. 그러므로 먼저 주식을 선택한다. 다음으로 소비묶음 (x_1, x_2)의 기대효용은 $U(x_1, x_2) = \dfrac{1}{5}u(x_1) + \dfrac{4}{5}u(x_2)$이다. 한계 대체율이 $MRS = \dfrac{u'(x_1)}{4u'(x_2)}$이므로 $MRS = \dfrac{1}{4}$와 예산선을 연립해 풀면 $x_1 = x_2 = 2$를 얻는다. 그러므로 이 소비자는 다른 사람과 부도가 나면 2억원을 받고, 부도가 나지 않으면 5,000만원을 주는 교환을 한다. 그 결과 소비자는 위험을 완전히 제거할 수 있다.

09 시장 포트폴리오의 위험프리미엄이 10%이고 $\beta = 1.5$이므로 CAPM에 따르면 이 금융상품의 위험프리미엄은 $1.5 \times 10\% = 15\%$이다. 무위험 수익률이 5%이므로, 이 금융상품의 균형수익률은 20%이다.

01   1) 두 소비자 모두 한계대체율이 일정하므로 두 재화는 완전 대체재이고
      따라서 무차별곡선은 직선이다. 두 재화의 가격이 동일하게 10이므로
      상대가격은 1이다. A의 한계대체율은 항상 상대가격보다 작으므로 재
      화2만 소비한다. 소득이 100이므로 A는 $(x_1 = 0, \ x_2 = 10)$을 소비한
      다. B의 한계대체율은 항상 상대가격보다 크므로 재화1만 소비한다.
      소득이 100이므로 B는 $(x_1 = 10, \ x_2 = 0)$을 소비한다.

   2) 재화1 한 단위와 교환되는 재화2의 비율이 $\dfrac{1}{2}$과 2 사이이고, A가 재화1
      을 가지고 있고, B가 재화2를 가지고 있으면 교환을 통해 두 사람의
      만족도를 동시에 증가시킬 수 있다. 그러나 현재의 상황에서 A는 재
      화1을 가지고 있지 않으며, B는 재화2를 가지고 있지 않으므로 두 사
      람의 만족도를 동시에 증대시킬 방법은 없다.

02   구성원들은 한계대체율이 상대가격과 일치할 때 효용 극대화가 달성된다
    (암묵적으로 내부해를 가정하고 있음). 상대가격은 모든 구성원에게 동일
    하므로, 모든 구성원의 한계대체율은 동일하다. 또한 한계변환율이 상대
    가격과 일치할 때 이윤극대화가 달성된다(역시 암묵적으로 내부해를 가
    정하고 있음). 상대가격이 모든 구성원에게 동일하므로, 모든 구성원의
    한계대체율은 동일하며, 그 사회 전체의 한계변환율과 일치한다.

03 1)

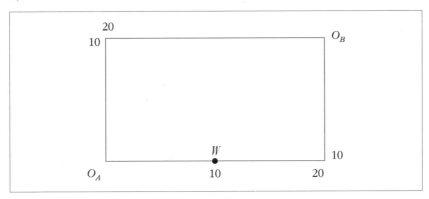

2) 두 소비자의 효용함수가 동일하므로, 한계대체율도 $\dfrac{x_2}{x_1}$으로 동일하다. A의 소비묶음을 (x_1, x_2)로 표시하면, B의 소비묶음은 $(20 - x_1,$ $10 - x_2)$이다. 따라서 파레토 효율성 조건은 $\dfrac{x_2}{x_1} = \dfrac{10 - x_2}{20 - x_1}$이다.

이를 정리하면 계약곡선 $x_2 = \dfrac{x_1}{2}$을 얻는다.

3) 재화1의 가격을 p라고 하면, A의 예산선은 $px_1 + x_2 = 10p$이다. 콥－더글러스 효용함수이므로 A의 두 재화에 대한 수요함수는 각각 $x_{1A}^* = 5$, $x_{2A}^* = 5p$이다. B의 예산선은 $px_1 + x_2 = 10p + 10$이므로 같은 방법으로 B의 수요함수는 각각 $x_{1B}^* = 5 + \dfrac{5}{p}$, $x_{2B}^* = 5p + 5$이다. 따라서 재화1의 시장수요함수는 $x_1^* = x_{1A}^* + x_{1B}^* = 10 + \dfrac{5}{p}$이다. 재화1의 부존량이 20이므로 $10 + \dfrac{5}{p} = 20$을 풀면, 일반균형가격인 $p = \dfrac{1}{2}$을 얻는다. $p = \dfrac{1}{2}$에서 A는 $\left(5, \dfrac{5}{2}\right)$, B는 $\left(15, \dfrac{15}{2}\right)$를 소비한다. A의 소비묶음 $\left(5, \dfrac{5}{2}\right)$은 계약곡선 $x_2 = \dfrac{x_1}{2}$상에 있다. 따라서 파레토 효율적이다.

04

1) A의 경우 두 재화가 완전 보완재이므로 무차별곡선이 $x_2 = x_1$라인에서 L자 형태로 꺾인다. B의 경우 두 재화가 완전 대체재이므로 무차별곡선은 기울기가 (-1)인 직선이다.

계약곡선은 아래의 그림에서 파란색으로 표시되어 있다.

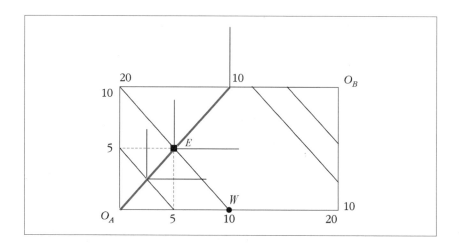

2) B의 한계대체율이 1이므로 상대가격도 1이 되어야 한다. 재화2의 가격이 1이므로 일반균형가격은 1이 되어야 한다. 즉, 두 재화가 1:1의 비율로 거래된다. 이 경우 A의 예산선은 $x_1 + x_2 = 10$이므로 A는 (5, 5)를 소비한다. B는 (15, 5)를 소비한다. 이 자원배분은 위의 그림에서 E로 표시되어 있다. 그림에서 보다시피 E는 계약곡선상에 위치하므로 파레토 효율적이다.

3) B의 무차별곡선도 O_B를 원점으로 하는 L자 형태이다. 다음 그림에서 보다시피 계약곡선은 O_A를 원점으로 하는 45^0선과 O_B를 원점으로 하는 45^0선 사이의 영역이다. 이 경우 효용함수의 형태 때문에 계약곡선은 곡선이 아니고 영역으로 나타난다.

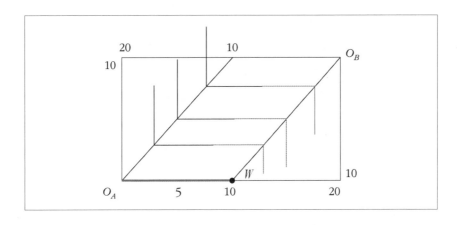

재화2의 가격을 1로 놓고, 재화1의 가격을 p로 표시하면 A의 예산선은 $px_1 + x_2 = 10p$이다. A의 두 재화에 대한 수요함수는 각각 $x_{1A}^* = x_{2A}^* = \dfrac{10p}{(p+1)}$이다. B의 예산선은 $px_1 + x_2 = 10p + 10$이므로 같은 방법으로 B의 수요함수는 각각 $x_{1A}^* = x_{2A}^* = \dfrac{10p+10}{p+1} = 10$이다. 따라서 재화1의 시장수요는 $x_1^* = x_{1A}^* + x_{1B}^* = 10 + \dfrac{10p}{p+1}$, 재화2의 시장수요는 $x_2^* = x_{2A}^* + x_{2B}^* = 10 + \dfrac{10p}{p+1}$이다.

$p>0$이면 재화의 시장수요는 재화2의 부존량인 10을 초과한다. 그러므로 $p>0$은 균형가격이 될 수 없다. $p=0$이면, 재화1은 공짜이다. A는 재화2를 가지고 있지 않고 또한 재화1의 가격이 0이므로 재화2를 전혀 소비할 수 없다. 따라서 A의 예산선은 가로축이 된다. 재화2의 소비가 0이므로 재화1의 소비가 아무리 많더라도 효용은 0이다. 따라서 $p=0$일 때 모든 $x_1 \geq 0$에 대해 $(x_1, 0)$이 예산집합에서 A의 효용을 극대화하는 소비묶음 가운데 하나이다. B의 예산선은 $x_2 = 10$을 지나는 평행선이다. 모든 $x_1 \geq 10$에 대해 $(x_1, 10)$이 예산집합에서 B의 효용을 극대화하는 소비묶음 가운데 하나이다. 재화1의 부존량이 10이므로 균형가격은 $p=0$이고, 모든 $0 \leq x_1 \leq 10$에 대해서 A의 소비묶음은 $(x_1, 0)$, B의 소비묶음은 $(20 - x_1, 10)$이다. 균형에서의 자원배분은 앞의 그림에서 굵은 파란선으로 표시되어 있다.

$p = 0$이 유일한 균형인 직관적인 이유는 다음과 같다. A, B 모두에게 두 재화가 완전 보완재이므로, 두 소비자 모두 두 재화를 같은 양으로 소비하고 싶어 한다. 그러나 경제 전체적으로 재화1의 부존량이 재화2의 부존량보다 많으므로 두 소비자 모두 두 재화를 같은 양으로 소비할 수 없다. 그러므로 10을 초과하는 재화1의 양은 아무에게도 도움이 되지 못한다. 그러므로 재화1의 가격이 0이 되어야 한다.

05 1)

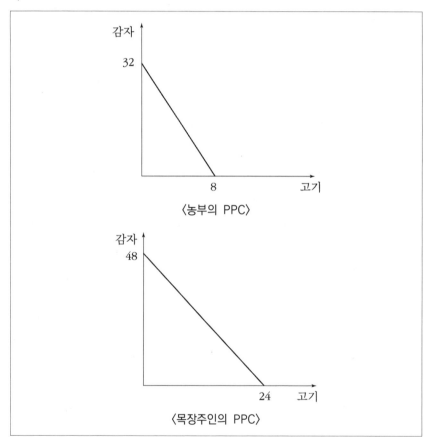

<농부의 PPC>

<목장주인의 PPC>

2) 두 사람 모두 고기만 생산하면 32단위의 고기를 생산할 수 있다. 반면에 감자만 생산하면 80단위의 감자를 생산할 수 있다. 농부의 PCC의 기울기는 (−4)이므로 농부의 한계변환율은 4이다. 즉, 고기 1단위를 생산하기 위해 감자 4단위를 포기해야 한다. 목장주인의 경우 고기 1단위를 생산하기 위해 감자 2단위를 포기해야 하므로 한계변환율은 2이다. 따라서 두 사람 모두 감자를 생산하고 있을 때, 감자를 포기하고 고기를 생산하려면 먼저 한계변환율이 작은 목장주인이 고기를 생산하여야 한다. 목장주인이 8개월 모두를 고기 생산에 사용하면, 감자는 32단위, 고기는 24단위가 생산된다. 고기를 더 생산하려면 그 다음을 농부가 고기를 생산하여야 한다.

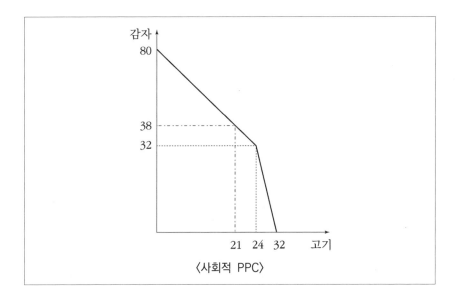

〈사회적 PPC〉

3) 가장 효율적이려면 사회적 생산가능곡선 상에 있어야 한다. (24, 32)에서 감자 38단위를 생산하려면 6단위를 증가시켜야 한다. 해당 구간의 기울기가 (−2)이므로 고기의 생산을 3단위 줄여야 한다. 따라서 목장주인이 고기를 7개월에 거쳐 21단위를 생산하고, 나머지 1개월 동안 감자 6단위를 생산한다. 농부는 8개월 동안 감자만 32단위 생산한다.

1) A는 딸기 1톤 생산의 기회비용은 3월부터 6월까지는 포도 $\frac{1}{3}$톤, 7월
부터 10월까지는 포도 1톤이다. 따라서 딸기 생산을 늘릴 시 기회비
용이 낮은 순서로 생산하여야 한다.

B는 딸기 1톤 생산의 기회비용은 3월부터 6월까지는 포도 $\frac{1}{2}$톤, 7월
부터 10월까지는 포도 2톤이다. 역시 딸기 생산을 늘릴 시 기회비용
이 낮은 순서로 생산해야 한다.

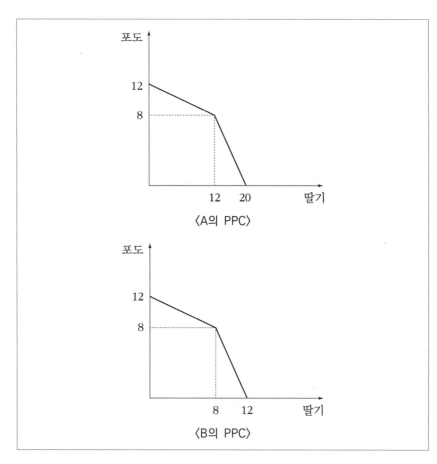

포도

12
8

12   20   딸기
〈A의 PPC〉

포도

12
8

8   12   딸기
〈B의 PPC〉

2) 딸기의 기회비용이 낮은 순서대로 딸기 생산에 투입되어야 한다.

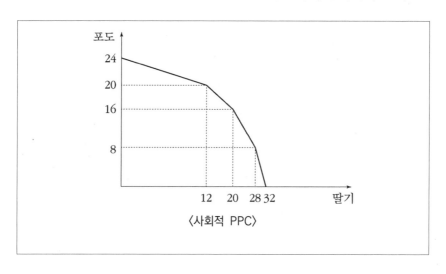

〈사회적 PPC〉

07 1) A의 한계변환율은 $\frac{1}{2}$로 일정하고, B의 한계변환율은 1로 일정하다.
두 사람의 PPC는 다음과 같다.

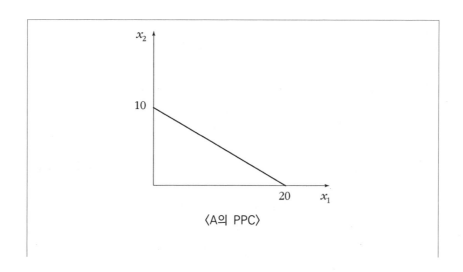

〈A의 PPC〉

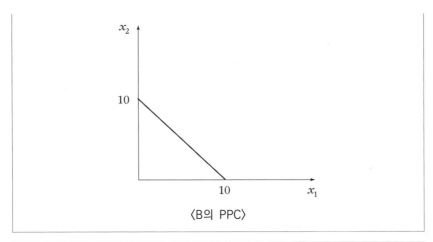

〈B의 PPC〉

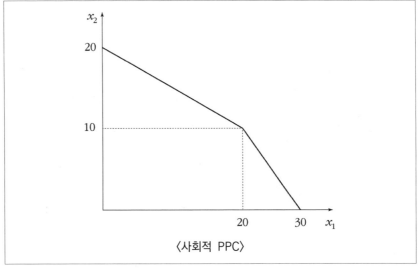

〈사회적 PPC〉

2) 생산가능곡선 상의 점을 (a, b)로 표시하자.

(a, b)가 사회적 PCC의 기울기가 $-\dfrac{1}{2}$인 부분에 위치하면 $b = 20 - \dfrac{a}{2}$

이다. 따라서 이 점은 $\left(a, 20 - \dfrac{a}{2}\right)$이다. 즉, 재화1과 2의 부존량이 각

각 a와 $20 - \dfrac{a}{2}$이다. A의 소비묶음을 (x_1, x_2)라고 하면 B의 소비묶음

은 $\left(a - x_1, 20 - \dfrac{a}{2} - x_2\right)$이다. 두 소비자의 한계대체율은 $\dfrac{x_2}{x_1}$으로 동

일하다.

따라서 파레토 효율성 조건은 $\dfrac{x_2}{x_1} = \dfrac{20 - \dfrac{a}{2} - x_2}{a - x_1}$ 이다. 이를 정리하면

계약곡선 $x_2 = \dfrac{(40 - a)x_1}{2a}$ 이다.

(a, b)가 사회적 PCC의 기울기가 (-1)인 부분에 위치하면 $b = 30 - a$이다. 따라서 이 점은 $(a, 30 - a)$이다. 위와 동일한 방법으로 풀면 계약곡선 $x_2 = \dfrac{(30 - a)x_1}{a}$ 를 얻는다.

3) (a, b)가 사회적 PCC의 기울기가 $-\dfrac{1}{2}$인 부분에 위치하면, 계약곡선이

$x_2 = \dfrac{(40 - a)x_1}{2a}$ 이므로 $\dfrac{x_2}{x_1} = \dfrac{40 - a}{2a}$ 로 일정하다.

(a, b)가 사회적 PCC의 기울기가 (-1)인 부분에 위치하면, 계약곡선

이 $x_2 = \dfrac{(30 - a)x_1}{a}$ 이므로 역시 $\dfrac{x_2}{x_1} = \dfrac{30 - a}{a}$ 로 일정하다.

4) 재화2의 가격을 1로 놓고, 재화1의 가격을 p로 표시하자.

$p > 1$: 이 경우 A는 (20, 0), B는 (10, 0)을 생산하고자 한다. 따라서 재화2의 생산량은 0이다. 반면에 두 사람의 효용함수가 콥－더글러스이고, 소득이 0보다 크므로 재화2의 수요는 0보다 크다. 따라서 이 경우는 균형이 될 수 없다.

$p = 1$: 이 경우 A는 여전히 (20, 0)을 생산하고자 한다. 이 때 A의 소득은 $m = 20$이다. 따라서 A는 재화1과 2를 각각 10단위씩 소비하고자 한다. B는 PCC상의 어떤 점을 선택해도 소득은 $m = 10$이다. 따라서 B는 재화1과 2를 각각 5단위씩 소비하고자 한다. 따라서 재화2의 시장수요는 15이다. 그러나 A가 재화2를 전혀 생산하지 않고, B가 생산할 수 있는 재화2의 최대량이 10이므로 초과수요가 존재한다. 따라서 이 경우도 역시 균형이 될 수 없다.

$\frac{1}{2} < p < 1$: 이 경우 A는 (20, 0)을 생산하고자 한다. 이 때 A의 소득은 20p이다. 따라서 A의 재화1과 2의 수요는 $x_{1A}^* = 10$, $x_{2A}^* = 10p > 5$이다. B는 (0, 10)을 선택하고, 소득은 $m = 10$이다. 따라서 B의 재화1과 2에 대한 수요는 $x_{1B}^* = \frac{5}{p}$, $x_{2A}^* = 5$이다. 역시 재화2의 시장수요는 10보다 크다. 그러나 재화2의 생산량은 10이므로 초과수요가 존재한다. 따라서 이 경우도 역시 균형이 될 수 없다.

$p = \frac{1}{2}$: 이 경우 A는 PCC의 어떤 점을 생산해도 소득은 10이다. 따라서 A는 재화1을 10단위, 재화2를 5단위 소비하고자 한다. B는 (0, 10)을 선택하고, 소득은 $m = 10$이다. 따라서 B도 재화1은 10단위 재화2는 5단위 소비하고자 한다. 따라서 A가 (20, 0)을 선택하면 균형이 된다.

$p < \frac{1}{2}$: 이 경우 A는 (0, 10), B는 (0, 10)을 선택한다. 재화1의 생산량이 0이고 시장수요는 0보다 크므로 균형이 아니다.

이상에서 보듯이 유일한 균형은 $p = \frac{1}{2}$이고, A는 (20, 0), B는 (0, 10)을 선택하고, A가 B에게 재화1 10단위를 주고 재화2 5단위를 받는다. 따라서 최종적으로 A는 (10, 5), B도 (10, 5)를 소비한다.

일반균형의 자원배분에서 A와 B의 한계대체율은 $\frac{1}{2}$로 일치한다. 생산은 사회적 PCC 상에서 (20, 10)이 선택된다. 이 점에서 PCC가 꺾이므로 한계변환율이 잘 정의되지 않지만, 접선의 기울기라는 의미에서 $\frac{1}{2}$부터 1사이의 임의의 값을 가진다고 볼 수 있다. 따라서 한계대체율과 한계변환율이 일치한다고 볼 수 있다.

08 1)

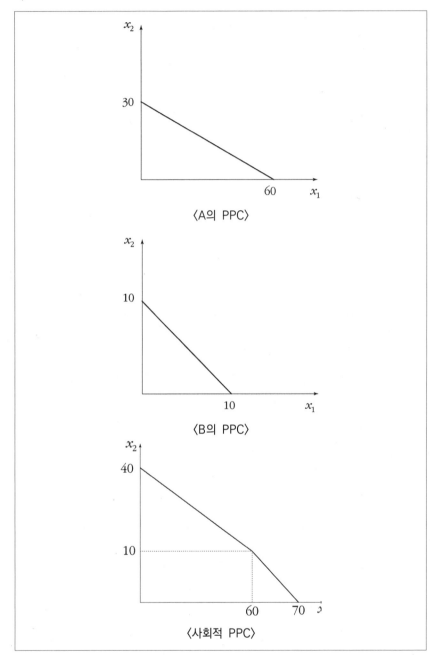

〈A의 PPC〉

〈B의 PPC〉

〈사회적 PPC〉

2) 생산가능곡선상의 점을 (a, b)로 표시하자. 사회적 PCC의 기울기가 $-\dfrac{1}{2}$인 부분에서 $b = 40 - \dfrac{a}{2}$이다. 따라서 이 점은 $\left(a, 40 - \dfrac{a}{2}\right)$이다. 모든 계산은 위와 동일하다. 계약곡선 $x_2 = \dfrac{(80-a)x_1}{2a}$이다.

(a, b)가 사회적 PCC의 기울기가 (-1)인 부분에 위치하면 $b = 70 - a$이다. 따라서 이 점은 $(a, 70-a)$이다. 위와 동일한 방법으로 풀면 계약곡선 $x_2 = \dfrac{(70-a)x_1}{a}$를 얻는다.

3) (a, b)가 어디에 위치하는가에 따라 $\dfrac{x_2}{x_1} = \dfrac{80-a}{2a}$ 또는 $\dfrac{x_2}{x_1} = \dfrac{70-a}{a}$로 일정하다.

4) 문제 6에서와 동일한 이유로 $p = \dfrac{1}{2}$이 균형가격이다. 이 경우 A는 PCC의 어떤 점을 생산해도 소득은 30이다. 따라서 A는 재화1을 30단위, 재화2를 15단위 소비하고자 한다. B는 $(0, 10)$을 선택하고, 소득은 $m = 10$이다. 따라서 B도 재화1은 10단위 재화2는 5단위 소비하고자 한다. 따라서 A가 $(40, 10)$을 선택하면 균형이 된다.

09 1) 각 시장의 균형조건은 $20 - p_1 + p_2 = 2p_1$, $60 + 6p_1 - 4p_2 = 3p_2$이다. 연립방정식을 풀면 $p_1 = \dfrac{40}{3}$, $p_2 = 20$을 얻는다.

2) 새로운 균형조건은 $20 - p_1 + p_2 = p_1$, $60 + 6p_1 - 4p_2 = 3p_2$이다. 연립방정식을 풀면 $p_1 = 25$, $p_2 = 30$을 얻는다.

10 1)

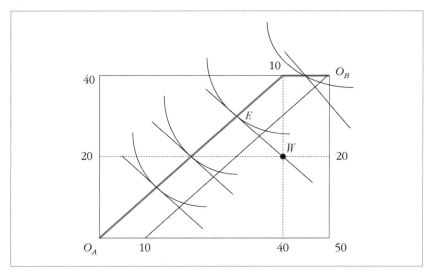

A는 $u_A(w) = \sqrt{w}$ 를 효용함수로 갖는 위험 기피자이고, B는 위험 중립적이다.

2) $U_A(x_1, x_2) = \dfrac{\sqrt{x_1} + \sqrt{x_2}}{2}$, $U_B(x_1, x_2) = \dfrac{x_1 + x_2}{2}$

3) (x_1, x_2)를 A의 조건부 상품의 소비묶음이라고 하면, B의 소비묶음은 $(50 - x_1, 40 - x_2)$이다. A의 한계대체율은 $MRS_A = \dfrac{\sqrt{x_2}}{\sqrt{x_1}}$, B의 한계대체율은 $MRS_B = 1$이므로 최적의 위험분담이 이루어지려면 $MRS_A = \dfrac{\sqrt{x_2}}{\sqrt{x_1}} = 1$, 즉 $x_2 = x_1$이어야 한다. 그런데 $x_1 \geq 0$, $x_2 \geq 0$이어야 하고, 조건부 상품 1과 2의 부존량이 각각 50과 40이므로, $0 \leq x_1 \leq 40$ 까지 $x_2 = x_1$이 성립하고, 그 이후에는 $x_1 = 40$인 직선이 된다. 이는 앞의 그림에 파란색으로 표시되어 있다.

4) B의 한계대체율이 1이므로 상대가격 역시 1이어야 한다. 따라서 조건부 상품1의 가격도 1이다. 이 경우 A의 예산선은 $x_1 + x_2 = 60$이다.

$MRS_A = \dfrac{\sqrt{x_2}}{\sqrt{x_1}} = 1$과 예산선을 연립해 풀면 A의 수요는 $x_{1A}^* = 30$,

$x_{2A}^* = 30$이다. $p = 1$일 때 B의 예산선은 $x_1 + x_2 = 30$이다. B는 예산선상의 모든 소비묶음에 대해서 무차별하다. 조건부 상품 1의 부존량이 50이고, A의 조건부 상품 1의 수요가 30이므로, B의 조건부 상품 1의 수요는 20이어야 한다. 그러므로 B는 (20, 10)을 선택한다. 일반균형에서의 자원배분은 앞의 그림에서 E로 표시되어 있다. E가 계약곡선상에 있으므로 최적의 위험분담이 이루어지고 있다.

5) 이 경우 B의 기대효용은 $U_B(x_1,\, x_2) = \dfrac{\sqrt{x_1} + \sqrt{x_2}}{2}$이고, $MRS_B =$

$\dfrac{\sqrt{x_2}}{\sqrt{x_1}}$이다. 최적의 위험분담 조건은 $\dfrac{\sqrt{x_2}}{\sqrt{x_1}} = \dfrac{\sqrt{40 - x_2}}{\sqrt{50 - x_1}}$이다. 양변을

제곱해 정리하면 $x_2 = \dfrac{4x_1}{5}$을 얻는다.

6) 조건부 상품1의 가격을 p로 놓으면, A의 예산선은 $px_1 + x_2 = 40p$

$+ 20$이다. $MRS_A = \dfrac{\sqrt{x_2}}{\sqrt{x_1}} = p$과 예산선을 연립해 풀면 A의 수요는

$x_{1A}^* = \dfrac{40p + 20}{p^2 + p}$, $x_{2A}^* = \dfrac{(40p + 20)p}{p + 1}$이다. B의 예산선은 $px_1 + x_2 =$

$10p + 20$이다. 같은 방법으로 B의 수요를 구하면 $x_{1B}^* = \dfrac{10p + 20}{p^2 + p}$,

$x_{2B}^* = \dfrac{(10p + 20)p}{p + 1}$이다. 따라서 조건부 상품1의 시장수요는 $x_1^* =$

$\dfrac{50p + 40}{p^2 + p}$이다. 조건부 상품1의 부존량이 50이므로, $\dfrac{50p + 40}{p^2 + p} = 50$

을 풀면 $p = \dfrac{\sqrt{4}}{\sqrt{5}}$이다. $(x_1,\, x_2)$를 일반균형의 자원배분에서 A의 소비묶음이면, $MRS_A = \dfrac{\sqrt{x_2}}{\sqrt{x_1}} = p$이므로 $\dfrac{x_2}{x_1} = p^2 = \dfrac{4}{5}$이다.

$x_2 = \dfrac{4x_1}{5}$ 이므로 최적의 위험분담이 달성된다.

11 1) $MRS_1 = \dfrac{y_1}{x_1}$, $MRS_2 = \dfrac{y_2}{x_2}$ 이다. 경제 전체의 초기 부존은 $(6, 2)$이므로 소비자 1의 소비묶음을 (x_1, y_1)이라고 하면, 소비자 2의 소비묶음은 $(6 - x_1, 6 - y_1)$이다. 계약곡선은 $\dfrac{y_1}{x_1} = \dfrac{2 - y_1}{6 - x_1}$이다. 이를 정리하면 $y_1 = \dfrac{x_1}{3}$이다.

2) $\dfrac{y_1}{x_1} = p$와 예산선 $p_1 x_1 + y_1 = 2p_1 + 1$을 풀면 소비자 1의 수요함수는 $x_1^* = 1 + \dfrac{1}{2p_1}$, $y_1^* = p_1 + \dfrac{1}{2}$ 이다. $\dfrac{y_2}{x_2} = p_1$와 예산선 $p_1 x_1 + y_1 = 4p_1 + 1$을 풀면 소비자 2의 수요함수는 $x_2^* = 2 + \dfrac{1}{2p_1}$, $y_1^* = 2p_1 + \dfrac{1}{2}$ 이다. 따라서 시장 수요함수는 $x^* = x_1^* + x_2^* - 3 + \dfrac{1}{p_1}$이다. $3 + \dfrac{1}{p_1} = 6$를 풀면 일반균형가격은 $p_1^* = \dfrac{1}{3}$이다. 왈라스 법칙에 의해 $p_1^* = \dfrac{1}{3}$이면 y재 시장도 균형이다. $p_1^* = \dfrac{1}{3}$이면 소비자 1의 소비묶음은 $\left(\dfrac{5}{2}, \dfrac{5}{6} \right)$, 소비자 2의 소비묶음은 $\left(\dfrac{7}{2}, \dfrac{7}{6} \right)$이다. $y_1^* = \dfrac{x_1^*}{3}$이므로 일반균형의 자원배분은 파레토 효율적이다.

3) 소비자 2의 수요함수가 $x_2^* = 2 + \dfrac{1}{2p_1}$, $y_2^* = 2p_1 + \dfrac{1}{2}$이므로 소비자 1의 소비는 $x_1 = 6 - x_2^* = 4 - \dfrac{1}{2p_1}$, $y_1 = 2 - y_2^* = \dfrac{3}{2} - 2p_1$이다. 효용

은 $U_1 = \left(4 - \dfrac{1}{2p_1}\right)\left(\dfrac{3}{2} - 2p_1\right) = 7 - 8p_1 - \dfrac{3}{4p_1}$ 이다.

$\dfrac{dU_1}{dp_1} = -8 + \dfrac{3}{4p_1^2} = 0$을 풀면 $p_1^* = \sqrt{\dfrac{3}{32}}$ 이다. 자원배분이 파레토 효율적이려면 $y_1 = \dfrac{x_1}{3}$ 이어야 한다. 이를 풀면 $p_1 = \dfrac{1}{3}$ 이다.

$p_1^* = \sqrt{\dfrac{3}{32}}$ 이므로 이 경우 자원배분은 파레토 효율적이 아니다.

4) $U_2 = x_2 y_2 (6 - x_1)$이므로 $MU_{2x_2} = y_2(6 - x_1)$, $MU_{2y_2} = x_2(6 - x_1)$이다. 따라서 $MRS = \dfrac{y_2}{x_2}$로 2)에서와 동일하다. 그 이유는 소비자 2의 효용이 x_1에 영향을 받으나 x_1은 소비자 1의 선택 변수이지만 소비자 2에게는 상수이다. 따라서 한계대체율에는 영향을 미치지 않는다. 한계대체율이 이전과 동일하고 예산선 또한 동일하므로 소비자 2의 수요는 2)와 동일하다. 소비자 1에게는 아무런 변화가 없으니 소비자 1의 수요도 2)와 동일하다. 그러므로 일반균형가격과 자원배분은 2)와 동일하다.

소비자 1의 소비묶음을 (x_1, y_1)이라고 하면, 소비자 2의 소비묶음은 $(6 - x_1, 6 - y_1)$이다. 따라서 이번에는 $U_2 = x_2 y_2 (6 - x_1) = x_2^2 y_2$가 되어 $MRS = \dfrac{2y_2}{x_2}$이다. $\dfrac{y_1}{x_1} = \dfrac{2(2 - y_1)}{6 - x_1}$를 정리하면 계약곡선 $y_1 = \dfrac{4x_1}{6 + x_1}$을 얻는다. 일반균형의 자원배분에서 소비자 1의 소비묶음은 $\left(\dfrac{5}{2}, \dfrac{5}{6}\right)$이다. $x_1 = \dfrac{5}{2}$이면 $y_1 = \dfrac{13}{17}$이어야 파레토 효율적이다. 그러나 $y_1 = \dfrac{5}{6}$이므로 파레토 효율적이 아니다.

5) 초기 부존에서 소비자 1의 효용은 $U_1^0(2, 1) = 2$이다. 소비자 2의 소비묶음을 (x_2, y_2)이면 소비자 1의 소비묶음은 $(6 - x_2, 2 - y_2)$이다. 따라서 소비자 2는 $(6 - x_2)(2 - y_2) = 2$ 제약하에서 $U_2 = x_2^2 y_2$를 극

대화한다. 소비자 1의 한계대체율은 $MRS_1 = \dfrac{y_1}{x_1}$, 소비자 2의 한계대

체율은 $MRS = \dfrac{2y_2}{x_2}$이다. $\dfrac{2y_2}{x_2} = \dfrac{2 - y_2}{6 - x_2}$와 $(6 - x_2)(2 - y_2) = 2$를 연립

해 풀면 $x_2^* = 4$, $y_2^* = 1$이다. 따라서 소비자 1의 소비묶음은 $(2, 1)$이다.

$x_1 = 2$를 계약곡선 $y_1 = \dfrac{4x_1}{6 + x_1}$에 대입하면 $y_1 = 1$이다. 따라서 파레

토 효율적이다. 보다 간단히 생각하면 $MRS_1 = MRS_2$이 성립하므로

당연히 해당 자원배분은 파레토 효율적이다.

12 1) 생산할 수 있는 x_1의 최대량은 2이다. 1과 2의 한계변환율은 각각

$MRT_1 = \dfrac{x_1}{x_2}$과 $MRT_2 = 3$이다. $MRT_1 = 3$과 $x_1^2 + x_2^2 = 1$을 연립해

풀면 $x_1 = \dfrac{3}{\sqrt{10}}$, $x_2 = \dfrac{1}{\sqrt{10}}$이다.

$x_1 \leq \dfrac{3}{\sqrt{10}}$: $MRT_1 \leq MRT_2$이므로 1이 x_1 전부를 생산해야 한

다. 즉, $x_1^1 = x_1$, $x_2^1 = \sqrt{1 - (x_1)^2}$ (상첨자는 소비자를 의미함)이다.

따라서 $x_2 = 3 + \sqrt{1 - (x_1)^2}$이다.

$x_1 > \dfrac{3}{\sqrt{10}}$일 때 $MRT_1 = MRT_2$이려면 $x_1^1 = \dfrac{3}{\sqrt{10}}$이다. 따라서

$x_1^2 = x_1 - \dfrac{3}{\sqrt{10}}$이다. 그런데 $x_1^2 \leq 1$이므로 $x_1^2 = x_1 - \dfrac{3}{\sqrt{10}}$이

1보다 작거나 큰 경우를 나누어 생각해야 한다.

$\dfrac{3}{\sqrt{10}} < x_1 < 1 + \dfrac{3}{\sqrt{10}}$; $x_1^1 = \dfrac{3}{\sqrt{10}}$이므로 $x_1^1 = \dfrac{3}{\sqrt{10}}$, $x_2^1 =$

$\dfrac{1}{\sqrt{10}}$, $x_1^2 = x_1 - \dfrac{3}{\sqrt{10}}$이므로 $x_2^2 = 3(1 + \dfrac{3}{\sqrt{10}} - x_1)$이다. 따라서

$x_2 = x_2^1 + x_2^2 = \sqrt{10} + 3 - 3x_1$ 이다.

$\dfrac{1+3}{\sqrt{10}} < x_1 \leq 2$: 이 경우 $x_1^1 = x_1 - 1,\ x_1^2 = 1$ 이므로 $x_1^1 = \sqrt{1 - (x_1 - 1)^2}$ 이다. 따라서 $x_2 = \sqrt{1 - (x_1 - 1)^2}$ 이다.

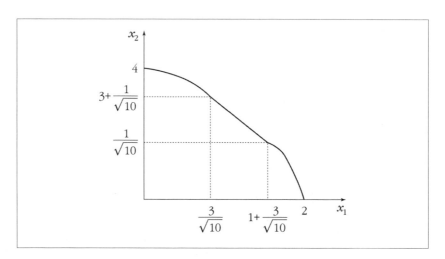

2) 편의상 재화1과 2의 가격을 p와 1로 놓는다.

공급함수:

소비자 1: $x_1^2 + x_2^2 = 1$ 제약하에서 $p_1 x_1 + x_2$를 극대화한다. $MRT_1 = \dfrac{x_1}{x_2} = p$와 $x_1^2 + x_2^2 = 1$을 연립해 풀면 $x_1^{1S} = \dfrac{p}{\sqrt{p^2 + 1}},\ x_2^{1S} = \dfrac{1}{\sqrt{p^2 + 1}}$ 이다.

소비자 2: $p > 3$이면 재화1만 생산한다; $x_1^{2S} = 1,\ x_2^{2S} = 0$. $p = 3$이면 $3x_1 + x_2 = 1$상의 모든 조합이 이윤을 극대화한다; $x_1^{2S} \in [0, 1]$. $p < 3$이면 $x_1^{2S} = 0,\ x_2^{2S} = 3$이다.

수요함수:

소비자 1; 위에서 선택한 $\left(\dfrac{p}{\sqrt{p^2 + 1}},\ \dfrac{1}{\sqrt{p^2 + 1}} \right)$이 초기 부존이 된다.

$MRS = \dfrac{x_2}{x_1} = p$와 예산선 $px_1 + x_2 = \dfrac{p^2}{\sqrt{p^2 + 1}} + \dfrac{1}{\sqrt{p^2 + 1}} = \sqrt{p^2 + 1}$

을 연립해 풀면 $x_1^{1D} = \dfrac{\sqrt{p^2+1}}{2p}$, $x_2^{1D} = \dfrac{\sqrt{p^2+1}}{2}$ 이다.

소비자 2; $p > 3$이면 초기 부존은 $(1, 0)$이다. $MRS = \dfrac{x_2}{x_1} = p$와 예산

선 $px_1 + x_2 = p$을 연립해 $x_1^{2D} = \dfrac{1}{2}$, $x_2^{2D} = \dfrac{p}{2}$ 이다. $p = 3$이면 예산

선은 $3x_1 + x_2 = 3$이다. 같은 방법으로 풀면 $x_1^{2D} = \dfrac{1}{2}$, $x_2^{2D} = \dfrac{3}{2}$ 이다.

$p < 3$이면 초기 부존은 $(0, 3)$이고 예산선은 $px_1 + x_2 = 3$이다. 같은

방법으로 풀면 $x_1^{2D} = \dfrac{3}{2p}$, $x_2^{2D} = \dfrac{3}{2}$ 이다.

3) 각 경우의 시장 수요와 공급을 구하면 다음과 같다.

$p > 3$: $\quad x_1^D = \dfrac{\sqrt{p^2+1}}{2p} + \dfrac{1}{2}$, $\quad x_1^S = \dfrac{p}{\sqrt{p^2+1}} + 1$

$p < 3$: $\quad x_1^D = \dfrac{\sqrt{p^2+1}}{2p} + \dfrac{3}{2p}$, $\quad x_1^S = \dfrac{p}{\sqrt{p^2+1}}$

$p = 3$: $\quad x_1^D = \dfrac{\sqrt{10}+3}{6}$, $\quad x_1^S = \dfrac{3}{\sqrt{10}} + [0,1]$. $+[0,1]$은 $[0,1]$의 어

떤 수를 더해도 괜찮다는 의미이다.

$p \neq 3$이면 x_1^D와 x_1^S 모두 각각 p의 감소함수와 증가함수이다. 또한

$p > 3$일 때 $x_1^D(3) < x_1^S(3)$, $p < 3$일 때 $x_1^D(3) > x_1^S(3)$이므로 $p \neq 3$

은 일반균형가격이 될 수 없다.

$p = 3$일 때 $\quad \dfrac{\sqrt{10}+3}{6} = \dfrac{3}{\sqrt{10}} + x_1$를 풀면 $\quad x_1 = \dfrac{3\sqrt{10}-8}{6\sqrt{10}}$ 이다.

따라서 $p = 3$일 때 소비자 2가 $x_1^{2S} = \dfrac{3\sqrt{10}-8}{6\sqrt{10}}$를 선택하면 $p = 3$이

일반균형가격이 된다.

소비자 1의 공급과 소비는 각각 $\left(x_1^{1S}, x_2^{1S}\right) = \left(\dfrac{3}{\sqrt{10}}, \dfrac{1}{\sqrt{10}}\right)$,

$(x_1^{1D},\ x_2^{1D}) = \left(\dfrac{\sqrt{10}}{6},\ \dfrac{\sqrt{10}}{2}\right)$ 이다. 소비자 2의 공급과 소비는 각각

$(x_1^{1S}, x_2^{1S}) = \left(\dfrac{3}{\sqrt{10}},\ \dfrac{1}{\sqrt{10}}\right)$, $(x_1^{2S}, x_2^{2S}) = \dfrac{3\sqrt{10}-8}{6\sqrt{10}},\ \dfrac{3\sqrt{10}+8}{2\sqrt{10}}$,

$(x_1^{2D} x_2^{2D}) = \left(\dfrac{1}{2},\ \dfrac{3}{2}\right)$ 이다.

4) $MRT_1 = MRT_2 = MRS_1 = MRS_2 = 3$ 이므로 파레토 효율적이다.

13 1) A가 재화1을 e_1만큼 생산했으므로 초기 부존은 $(e_1, 10-e_1)$이다. B 의 초기 부존은 $(0, 10)$이므로 경제 전체의 부존은 $(e_1, 20-e_1)$이다. 아래 에지워스 박스에 초기 부존점은 W로 표시되어 있다.

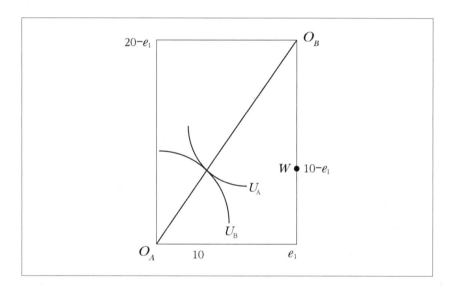

2) A와 B 모두 한계대체율은 $MRS = \dfrac{x_2}{x_1}$이다. A의 소비묶음을 (x_1, x_2) 라고 하면 B의 소비묶음은 $(e_1 - x_1, 20 - e_1 - x_2)$이다.

$\dfrac{x_2}{x_1} = \dfrac{20 - e_1 - x_2}{e_1 - x_1}$ 을 풀면 계약곡선은 $x_2 = \dfrac{(20 - e_1)x_1}{e_1}$ 으로 에지워

스 박스의 대각선이다.

3) 편의상 재화1과 2의 가격을 p와 1로 놓는다. A의 예산선은 $px_1 + x_2 = pe_1 + (10 - e_1)$이다. $MRS = \dfrac{x_2}{x_1} = p$와 예산선을 연립해 풀면

$$x_{1A} = \frac{pe_1 + 10 - e_1}{2p}, \quad x_{2A} = \frac{pe_1 + 10 - e_1}{2}$$ 이다. B의 예산선은

$px_1 + x_2 = 10$이므로 같은 방법으로 풀면 $x_{1B} = \dfrac{10}{2p}$, $x_{2A} = 5$이다.

재화1의 시장수요는 $x_1 = x_{1A} + x_{1B} = \dfrac{pe_1 + 20 - e_1}{2p}$이다.

$\dfrac{pe_1 + 20 - e_1}{2p} = e_1$을 풀면 균형가격은 $p = \dfrac{20 - e_1}{e_1}$이다.

4) e_1이 주어진 교환경제의 균형가격이 $p = \dfrac{20 - e_1}{e_1}$이다. 생산까지 포함

하면 이 가격이 한계변환율인 MRT와 같아야 한다. $MRT = 1$이므로

$\dfrac{20 - e_1}{e_1} = 1$을 풀면 $e_1 = 10$이다. 생산경제의 일반균형가격은 $p = $

$\dfrac{20 - e_1}{e_1} = 1$이다.

01 경쟁시장에서 기업은 가격수용자이므로 이윤을 극대화하기 위해서 $p = MC$가 되도록 산출량을 결정한다. $10 + q = 20$을 풀면 기업의 이윤 극대화 산출량은 $q_e = 10$이다.

 외부효과를 고려하면 사회적 한계비용은 $SMC = 12 + q$이다. $12 + q = 20$을 풀면 사회적 최적 산출량은 $q_{opt} = 8$이다.

02 배출량이 q일 때 감축의 한계비용 $30 - q$은 배출의 한계편익으로 생각할 수 있다. 배출의 사회적 한계비용이 $10 + q$이므로 $30 - q = 10 + q$를 풀면 최적의 배출량은 $q = 10$이다. 따라서 벌금이 단위당 $t = 30 - 10 = 10 + 10 = 20$이면 기업은 20을 감축하고 10을 배출한다.

03 1) A의 한계편익은 $MB(t) = 30 - t$, B의 한계피해(marginal loss, ML)는 $ML(t) = 10 + t$이다.

 2) A는 한계편익이 0이 될 때까지 피아노를 친다. $30 - t = 0$을 풀면 $t = 30$을 얻는다.

 3) A가 피아노를 칠 때 B가 피해를 받으므로, 사회적 후생은 $W(t) = B(t) - L(t)$이다. 사회적 최적은 $MB(t) = ML(t)$일 때 얻어

진다. $30 - t = 10 + t$를 풀면 $t = 10$을 얻는다.

4) t시간 피아노를 더 치면 A는 B에게 pt만큼을 지불해야 한다. 즉, 한 시간 피아노를 더 칠 경우 한계비용이 p이다. 그러므로 t시간 피아노 칠 때 A의 순편익은 $NB_A(t) = B(t) - pt$이다. A는 한계편익이 한계비용과 일치할 때까지 피아노를 친다. $30 - t = p$를 풀면 $t(p) = 30 - p$이다.

5) 사회적 최적을 달성하려면 $t = 10$이 되어야 한다. $t(p) = 30 - p = 10$이려면 $p = 20$이어야 한다.

6) 시간당 피해금액이 p일 때 A는 $t(p) = 30 - p$시간 피아노를 친다. $t(p) = 30 - p$가 다름 아닌 A의 피아노 시간에 대한 수요곡선이다. 독점이 가격 대신 수량을 선택하는 것이 다소 편리하듯이, 이 경우에도 가격보다 먼저 시간을 선택하는 것이 편리하다. 이를 위해 $t(p) = 30 - p$를 가격에 대해 풀면 $p = 30 - t$이다. B의 수입은 $R = t(30 - t)$, 한계수입은 $MR = 30 - 2t$이다. A가 t시간 피아노 칠 때 B의 순편익은 $NB_B(t) = R(t) - L(t)$이다. B가 자신의 이익을 극대화하려면 한계수입과 한계피해액이 일치하는 시간을 선택한다. $30 - 2t = 10 + t$를 풀면 $t = \dfrac{20}{3}$을 얻는다. 이를 $p = 30 - t$에 대입하면 $p = \dfrac{70}{3}$을 얻는다.

7) A가 t시간 피아노를 치면, $30 - t$시간 피아노를 치지 않는다. 이 때 B는 A에게 $s(30 - t)$만큼을 보상한다. 또한 t시간 A가 피아노를 칠 때의 피해액은 $L(t) = 10t + \dfrac{t^2}{2}$이므로 B가 부담하는 총비용은 $C_B(t) = s(30 - t) + L(t)$이다. 총비용을 극소화하려면 B는 $ML(t) = 10 + t = s$가 되는 t를 선택한다. 이를 풀면 $t(s) = s - 10$이다.

사회적 최적을 달성하려면 $t = 10$이 되어야 한다. $t(s) = s - 10 = 10$이려면 $s = 20$이어야 한다.

8) 6)에서 마찬가지로 시간을 먼저 선택하는 것이 더 편리하다.

$t(s) = s - 10$이므로 s에 대해 풀면 $s = t + 10$이다. 그러므로 B로부터 받는 A의 수입은 $R = (t + 10)(30 - t)$이고, 한계수입은 $MR = 20 - 2t$이다. t시간 피아노 칠 때 A의 순편익은 $NB_A(t) = R(t) + B(t)$이다. A가 자신의 이익을 극대화하려면 한계수입과 한계편익의 합이 0이 되도록 일치하는 시간을 선택한다. $20 - 2t + 30 - t = 0$을 풀면 $t = \dfrac{50}{3}$을 얻는다. 이를 $s = t + 10$에 대입하면 $s = \dfrac{80}{3}$을 얻는다.

04 (1) 사회적 한계편익이 $SMB = 30 - q$이므로 사회적 최적 수준은 $SMB = SMC$에 의해 결정되므로 $30 - q = 10 + q$를 풀면 $q^* = 10$을 얻는다.

(2) 과징금을 t로 표시하면, 한 단위의 공해물질을 방출하면 t를 지불해야 한다. 반면에 자체 감축하려면 MC만큼 지불해야 한다. 그러므로 기업은 $MC = t$가 되도록 q를 선택한다. $MC = 30 - q$이고 $q^* = 10$이므로 $t = MC(10) = 30 - 10 = 20$이어야 한다.

05 1) 4번 문제에서 설명한 것 같이 두 기업의 공해물질 방지의 한계비용이 바로 각 기업의 한계편익곡선이다. 먼저 두 기업의 한계편익곡선의 수평합을 구해보자. $MB_A = 30 - q$와 $MB_B = 30 - 2q$를 q에 대해 풀면 각각 $q = 30 - MB$와 $q = 15 - \dfrac{MB}{2}$이다. 이를 더하면 $q = 45 - \dfrac{3MB}{2}$이다. 이를 다시 MB에 대해서 풀면 사회적 한계편익곡선인 $SMB = 30 - \dfrac{2q}{3}$를 얻는다. 최적 공해물질 배출량은 $SMB = SMC$에 의해 결정되므로, $30 - \dfrac{2q}{3} = 10 + q$를 풀면 $q^* = 12$을 얻는다.

$q^* = 12$에서 한계편익은 22이다. 두 기업의 한계편익이 22로 동일해야 하므로, $22 = 30 - q$과 $22 = 30 - 2q$를 풀면 A와 B의 배출량인 $q_A^* = 8$과 $q_B^* = 4$를 얻는다.

2) 한 단위의 공해물질을 방출할 때 지불하는 과징금을 t로 표시하자. 4번 문제에서와 같이 각 기업은 $MC = t$가 되도록 q를 선택한다. $MC_A = 30 - q = t$을 q에 대해서 풀면 $q_A = 30 - t$이다. $MC_B = 30 - 2q = t$를 q에 대해서 풀면 $q_B = 15 - \dfrac{t}{2}$이다. 따라서 총배출량은 $q = q_A + q_B = 45 - \dfrac{3t}{2}$이다. $q^* = 12$이므로 $45 - \dfrac{3t}{2} = 12$를 풀면 $t = 22$를 얻는다.

3) (i)의 방법으로 할 경우 $q^* = 12$이므로 각 기업은 $q = 6$을 방출한다. 이 때 각 기업의 한계비용은 각각 $MC_A = 24$, $MC_B = 18$이다. 두 기업의 한계비용이 다르므로 비효율적이다. 반면에 (ii)의 경우, 두 기업의 한계비용이 22로 동일하므로 효율적이다.

4) (i)의 경우 각 기업은 $q = 6$만큼을 배출할 수 있다. 그러므로 총배출권의 양은 12이다. 1단위를 배출할 수 있는 배출권 가격을 p라고 하자. 각 기업은 배출권을 사는 비용과 스스로 감축하는 한계비용이 일치하는 양을 선택한다. 따라서 각 기업은 $MC = p$가 되도록 q를 선택한다. 이후의 풀이는 2)에서 t 대신 p를 사용하는 것 이외에는 동일하다. 그러므로 배출권 가격은 $p = 22$이 되고, 이 가격에서 A는 $q_A = 8$, B는 $q_B = 4$를 배출하고자 한다. 그러므로 B가 A에게 2장의 배출권을 판매한다. 이때의 결과는 (ii)와 동일하다.

06 1) 총 피해는 $C = C_B + C_C = \dfrac{3t^2}{2} + s_b^2 + s_c^2 = \left[\dfrac{3(20 - s_b - s_c)^2}{2}\right] +$

$s_b^2 + s_c^2$이다. $\dfrac{\partial C}{\partial s_b} = -3(20 - s_b - s_c) + 2s_b = 0$, $\dfrac{\partial C}{\partial s_c} = -3(20 - s_b -$

$s_c) + 2s_c = 0$를 연립해 풀면 $s_b = s_c = \dfrac{15}{2}$이다.

2) B는 $C_B = \dfrac{(20 - s_b - s_c)^2}{2} + s_b^2$를 극소화하므로 $\dfrac{\partial C_B}{\partial s_b} = -(20 - s_b -$

$s_c) + 2s_b = 0$을 s_b에 대해 풀면 최적대응함수는 $BR^B(s_c) = \dfrac{20 - s_c}{3}$

이다. C는 $C_C = (20 - s_b - s_c)^2 + s_c^2$를 극소화하므로 $\dfrac{\partial C_C}{\partial s_c} = -2(20 -$

$s_b - s_c) + 2s_c = 0$을 s_c에 대해 풀면 최적대응함수는 $BR^C(s_b) =$

$\dfrac{(20 - s_b)}{2}$이다. 두 식을 연립해 풀면 내쉬균형은 $s_b^* = 4$, $s_c^* = 8$이다.

07 기업이 폐기물을 몰래 방출하지 못하도록 하려면 당국이 감독을 해야 한
    다. 그런데 감독하는 데에도 비용이 발생한다. 기업이 폐기물을 정화하면
    단위당 5원의 비용이 들지만, 사회적으로 10원의 비용을 절약할 수 있어
    사회적 순편익은 5이다. 그러므로 또 다른 방법은 기업에게 단위당 5만큼
    의 보조금을 지불해서 외부효과를 내부화시키는 것이다. 이 방법도 보조
    금을 지불하기 위한 비용이 발생한다. 감독비용과 보조금 지불을 위한 비
    용을 비교해 작을 쪽을 선택하는 것이 효율적이다.

08 **사유재**: 전력, 도시가스, 경호서비스, 의료서비스, 대학교육

공유재: 맑은 공기

집단재: DMB 방송, 유료고속도로

공공재: 교통신호등, 치안서비스, 방역서비스, 기초교육

09 1) 한계편익은 ($-$)가 될 수 있으므로 A와 B의 한계편익곡선을 수직으로 더한 사회적 한계편익곡선은 $SMB = MB_A + MB_B = 220 - 2q$이다.

2) $c = 10$일 경우 사회적 최적 살충제의 양은 $SMB = 220 - 2q = 10$으로 결정된다. 이를 풀면 $q = 105$를 얻는다.

3) A는 -5, B는 15를 부담한다.

4) $c = 10$일 경우 사회적 최적 살충제의 양은 $SMB = 220 - 2q = 40$으로 결정된다. 이를 풀면 $q = 90$을 얻는다. $q = 90$에서 $MB_A = 10$, $MB_B = 30$이므로 A와 B가 각각 10과 30씩 부담한다.

10 A의 한계대체율은 $MRS_A = \dfrac{x_{2A}}{x_1}$, B의 한계대체율은 $MRS_B = \dfrac{2x_{2B}}{x_1}$이다. $MRT = 1$이므로 효율성 조건은 $MRS_A + MRS_B = \dfrac{x_{2A}}{x_1} + \dfrac{2x_{2B}}{x_1} = 1$ $(= MRT)$, 즉 $x_{2A} + 2x_{2B} = x_1$이다.

11 1) A와 B의 효용의 합을 W로 표시하면, W는 다음과 같다. $W = \ln c_A + \ln (\bar{x} - c_A - c_B) + \ln c_B + \ln (\bar{x} - c_A - c_B) = \ln c_A + \ln c_B + 2\ln(\bar{x} - c_A - c_B)$.

$$\frac{\partial W}{\partial c_A} = \frac{1}{c_A} - \frac{2}{\bar{x} - c_A - c_B} = 0 \text{과} \quad \frac{\partial W}{\partial c_B} = \frac{1}{c_B} - \frac{2}{\bar{x} - c_A - c_B} = 0 \text{을}$$

연립해 풀면 $c_A = c_B = \dfrac{\bar{x}}{4}$를 얻는다.

2) $\dfrac{\partial U_A}{\partial c_A} = \dfrac{1}{c_A} - \dfrac{1}{\bar{x} - c_A - c_B} = 0$과 $\dfrac{\partial U_B}{\partial c_B} = \dfrac{1}{c_B} - \dfrac{1}{\bar{x} - c_A - c_B} = 0$을 연

립해 풀면 내쉬균형은 $c_A = c_B = \dfrac{\bar{x}}{3}$이다.

3) 한 사람이 물을 퍼 가면 호수 전체의 물의 양이 감소하므로 다른 사람의 효용이 감소한다. 각자 독립적으로 물을 풀 경우, 자신의 행동이 다른 사람의 효용에 미치는 외부효과를 고려하지 않으므로 두 사람의 효용의 합을 극대화하는 양보다 더 많은 양의 물을 퍼 가게 되어 공유의 비극이 발생한다.

12 1) 두 회사의 오염물질 감축의 한계비용이 동일하므로 A만큼 감축할 때 두 기업이 각각 $\dfrac{A}{2}$씩 감축해야 한다. 따라서 감축의 사회적 한계비용

은 $SMC = 10 + \dfrac{A}{2}$이다.

오염 물질 감축 시 두 사람 모두 혜택을 보므로 사회적 한계편익곡선은 두 사람의 한계편익곡선의 수직합이다. 따라서 $SMB = 40 - A$이다.

2) $10 + \dfrac{A}{2} = 40 - A$를 풀면 효율적 감축량은 $A^* = 20$이다. 따라서 피구세는 각 기업의 한계비용인 $10 + \dfrac{20}{2} = 20$이다.

제21장 정보경제학

01 1) 브랜드 이름이 있는 상품은 품질이 나빠 소비자에게 외면을 당하면, 브랜드 이름이 없는 상품보다 그 손실이 더 크다. 따라서 브랜드 이름이 높은 상품의 경우 품질을 낮추어 단기적으로 이득을 보고자 하는 유인이 상대적으로 낮다. 그러므로 브랜드 이름은 소비자들에게 품질에 대한 신호의 역할을 할 수 있다.

2) 광고를 했음에도 품질이 낮으면 바로 소비자들에게 외면을 당하게 된다. 그러므로 광고를 한다는 것 자체가 기업이 품질에 대해 자신이 있다는 신호를 소비자에게 줄 수 있다. 광고의 경우 신호의 역할을 하는 것은 광고비의 규모이다. 몸값이 비싼 배우를 광고에 출연시키는 가장 중요한 이유는 소비자들에게 품질이 자신이 없으면 그렇게 몸값이 비싼 배우를 광고에 출연시킬 유인이 없음을 소비자들에게 간접적으로 전달하고자 하기 때문이다.

02 레몬과 피치를 구별하지 못하므로 구매자가 지불할 용의가 있는 금액은 $11 \times P + 6 \times (1-P) = 6 + 5P$이다. 이 금액이 피치 판매자의 가치인 10보다 작으면 피치의 주인은 팔려 하지 않는다. $6 + 5P < 10$을 풀면 $P < \dfrac{4}{5}$이다.

03 모든 차들이 다 시장에 나오면 가격은 $\dfrac{5+3+1}{3} < 4$이다. 따라서 상급차는 시장에 나오지 않는다. 상급차가 시장에 나오지 않으면, 중급 또는 하급차일 확률은 각각 $\dfrac{1}{2}$이다. 중급과 하급차 모두 시장에 나오면 가격은 $\dfrac{3+1}{2} = 2 < 2.4$이다. 따라서 중급차도 시장에 나오지 않는다. 이 시장에서는 하급차만 1의 가격에 거래된다.

04 1) P타입과 L타입 모두 차를 팔고자 하면 시장에서 P타입일 사후적 확률은 π_0이다. $\pi_0 > \dfrac{1}{2}$이면 $2\pi_0 + 1 > 2$이다. 따라서 L타입은 물론 P타입도 $2\pi_0 + 1$의 가격을 받고 시장에서 자신의 차를 팔려 한다. 그러므로 $\pi_0 > \dfrac{1}{2}$일 경우, 두 타입 모두 차를 되팔려 하고, 따라서 사후적 확률은 사전적 확률인 π_0와 동일하며, 시장가격은 $2\pi_0 + 1$이 되는 것이 균형이다.

$\pi_0 < \dfrac{1}{2}$일 경우, P타입과 L타입 모두 차를 팔려 할 때 사후적 확률은 π_0이며 시장가격은 $2\pi_0 + 1$이다. 그러나 이 경우 $2\pi_0 + 1 < 2$이므로 P타입은 차를 팔고자 하지 않는다. 따라서 P타입은 팔지 않고, L타입만 팔고, 따라서 사후적 확률은 0이 되어 시장가격이 1이 되는 것이 균형이다.

2) 합동균형에서 두 타입이 동일하게 보내는 q를 q^*로 표시하자. 두 타입이 모두 q^*를 보내므로, q^*를 보았을 때 사후적 확률은 사전적 확률인 $\dfrac{2}{3}$이다. 따라서 시장가격은 $2 \times \dfrac{2}{3} + 1 = \dfrac{7}{3}$이다. 그러므로 q^*를 보낼 때 각 타입이 얻는 보수는 각각 $u_P = \dfrac{7}{3} - \dfrac{q^*}{2}$와 $u_L = \dfrac{7}{3} - q^*$이다.

q^*가 합동균형이려면 먼저 신호를 보내서 파는 것이 팔지 않는 것보다 유리하여야 한다. 따라서 $u_P = \frac{7}{3} - \frac{q^*}{2} \geq 2$ 그리고 $u_L = \frac{7}{3} - q^* \geq 1$이 성립하여야 한다. 두 부등식을 동시에 만족하는 범위는 $(0 \leq)$ $q^* \leq \frac{2}{3}$이다.

다음으로 두 타입 모두 q^*이외의 다른 신호를 보낼 유인이 없어야 한다. 가장 쉬운 방법은 q^*이외의 신호에 대해 사후적 확률을 0으로 부여해 시장가격이 1이 되도록 하는 것이다. 이 경우, $q = 0$으로 이탈할 유인이 없으면, 다른 신호로 이탈할 유인이 없다. 따라서 $q = 0$으로 이탈할 유인만 없으면 된다. $q = 0$로 이탈할 경우 두 타입 모두 1을 얻는다. 따라서 $u_P = \frac{7}{3} - \frac{q^*}{2} \geq 1$ 그리고 $u_L = \frac{7}{3} - q^* \geq 1$이면 두 타입 모두 $q = 0$으로 이탈할 유인이 없다. 두 부등식을 동시에 만족하는 범위는 $(0 \leq) q^* \leq \frac{4}{3}$이다. 따라서 합동균형에서 두 타입이 동일하게 보내는 범위는 $0 \leq q^* \leq \frac{2}{3}$이다.

3) L타입만 q_L의 신호를 보내므로, q_L을 보았을 때 사후적 확률은 0이고, 따라서 가격은 1이다. 이 때 L타입의 보수는 $1 - q_L$이다. $q = 0$을 선택함으로써 L타입이 얻을 수 있는 최저의 보수는 1이다. 따라서 q_L을 보내는 것이 균형이려면 $1 - q_L \geq 1$, 즉 $q_L \leq 0$이다. $q_L \geq 0$이어야 하므로 $q_L = 0$이고, L타입의 보수는 1이다.

4) P타입만 q_P의 신호를 보내므로, q_P을 보았을 때 사후적 확률은 1이고, 따라서 가격은 3이다. 이 때 P타입의 보수는 $3 - \frac{q_P}{2}$이다. 먼저 $3 - \frac{q_P}{2} \geq 2$이어야 하므로 $q_P \leq 2$이어야 한다. 다른 품질로 이탈했을 때 얻을 수 있는 최대보수는 1이므로 $q_P \leq 2$이면 P타입은 다른 품질로 이탈하지 않는다. L타입이 q_P을 선택하면 $3 - q_P$를 얻는다. L

타입이 q_P로 이탈할 유인이 없으려면 $3 - q_P \leq 1$, 즉 $q_P \geq 2$이어야 한다. 따라서 $q_P = 2$이다.

05 1) 사업가인 소비자에게 당일 왕복표를 100만원에, 다른 소비자에게는 하루 이상 머무는 왕복표를 30만원에 판매한다.

2) 사업가인 소비자에게만 판매하려면 100만원을 책정한다. 이 경우 이윤은 (100만원 − 10만원)=90만원이다. 사업가가 아닌 소비자에게도 판매하려면 30만원을 책정한다. 이 경우 이윤은 (30만원 − 10만원)×2=40만원이다.

3) 날짜에 제한을 둘 수 있으면, 당일 왕복표는 100만원, 하루 이상 머무는 왕복표는 30만원을 책정한다. 이 경우 완전하게 가격차별을 할 수 있다.

4) 3)에서와 같이 당일 왕복표는 100만원, 하루 이상 머무는 왕복표는 30만원을 책정하면 사업가인 소비자는 당일 왕복표가 아닌 하루 이상 왕복표를 선택하므로 더 이상 완전하게 가격차별을 할 수 없다. 이 경우 항공사가 할 수 있는 선택은 두 가지이다. 하나는 당일 왕복표만 파는 경우이다. 이 경우 100만원을 책정하고, 사업가인 소비자만 구매한다. 이 때 이윤은 90만원이다. 사업가가 아닌 소비자에도 판매하려면 하루 이상 머무는 왕복표의 가격은 30만원이다. 이 경우 사업가는 이 왕복표를 선택함으로써 30만원의 이득을 얻는다. 따라서 당일 왕복표에 100만원이 아닌 70만원만 책정할 수 있다. 이 경우 이윤은 70만원+30만원−20만원=80만원이다. 따라서 이 경우 항공사는 당일 왕복권만 100만원에 판매한다.

06 1) 기업이 c를 알면 근로자가 q를 생산할 때 $w = cq$를 지불한다. 따라서 기업은 $\pi(q) = 8q - \dfrac{q^2}{2} - cq = (8-c)q - \dfrac{q^2}{2}$를 극대화한다. $\dfrac{d\pi(q)}{dq} = 8 - c - q = 0$을 풀면 $q^*(c) = 8 - c$이다($c \leq 8$임을 가정한다. $c > 8$이면 거래할 이유가 없다). 따라서 $w^*(c) = c(8-c)$이다.

2) $(q^*(1), w^*(1)) = (7, 7)$, $(q^*(c), w^*(c)) = (8-c, c(8-c))$이다.

3) 현재 (q_L, w_L), (q_H, w_H)을 제시하는 데 $w_H > cq_H$라고 하자. 그러면 $w_H - \epsilon > cq_H$이 성립하도록 충분히 작은 양수 ϵ을 잡을 수 있다. (q_L, w_L), (q_H, w_H) 대신 $(q_L, w_L - \epsilon)$, $(q_H, w_H - \epsilon)$을 제시하면, 두 타입 모두의 PC와 IC가 충족된다. 예를 들어, IC_L을 보면 $w_L - \epsilon - q_L \geq w_H - \epsilon - q_H$인데 이는 $w_L - q_L \geq w_H - q_H$과 동일하다. (q_L, w_L), (q_H, w_H)보다는 $(q_L, w_L - \epsilon)$, $(q_H, w_H - \epsilon)$의 이윤이 더 크다. 따라서 H타입이 참여제약조건은 등호로 성립한다.

4) (q_L, w_L), (q_H, w_H)이 이윤극대화 계약이면 두 타입의 IC와 PC가 모두 충족된다. IC_L은 $w_L - q_L \geq w_H - q_H$, IC_H은 $w_H - cq_H \geq w_L - cq_L$인데, 양변을 변변히 더해 정리하면 $(c-1)q_L \geq (c-1)q_H$이다. $c > 1$이므로 $q_L \geq q_H$이다. $w_L - q_L > w_H - q_H$이면 $w_L - \epsilon - q_L > w_H - q_H$이 성립하도록 충분히 작은 양수 ϵ을 잡을 수 있다. (q_L, w_L), (q_H, w_H) 대신 $(q_L, w_L - \epsilon)$, (q_H, w_H)을 제시한다고 하자. IC_L, PC_L, PC_H는 성립한다. $w_H - cq_H \geq w_L - cq_L$이므로 $w_H - cq_H \geq w_L - \epsilon - cq_L$이 성립해 IC_H도 성립한다. $(q_L, w_L - \epsilon)$, (q_H, w_H)을 제시하면, L타입일 경우 이윤이 증가한다. 따라서 IC_L은 등호로 성립한다.

5) 3)과 4)에 의해 $w_H = cq_H$, $w_L - q_L = w_H - q_H$이므로 $w_L = q_L + (c-1)q_H$이다. 이를 이윤함수에 대입하면 다음과 같다.

$$\pi = \frac{1}{2}\left[8q_L - \frac{q_L^2}{2} - q_L - (c-1)q_H\right] + \frac{1}{2}\left(8q_H - \frac{q_H^2}{2} - cq_H\right).$$

$\dfrac{\partial \pi}{q_L} = \dfrac{1}{2}(7 - q_L) = 0, \quad \dfrac{\partial \pi}{q_H} = -\dfrac{1}{2}(c-1) + \dfrac{1}{2}(8 - c - q_H) = 0$을 연립

해 풀면 $q_L = 7$, $q_H = 9 - 2c$이다. 따라서 $c \le \dfrac{9}{2}$이면 $(q_L, w_L) =$ $(7, 7 + (c-1)(9-2c))$, $(q_H, w_H) = (9 - 2c,\ c(9 - 2c))$를 제시한다. $c > \dfrac{9}{2}$이면 $q_H = 9 - 2c < 0$이다. 이 경우 기업은 H타입과 거래하지 않고, L타입만 $(q_L, w_L) = (7, 7)$의 계약으로 거래한다. L타입의 정보 지대는 $c \le \dfrac{9}{2}$이면 $(c-1)(9-2c)$, $c > \dfrac{9}{2}$이면 0이다.

07 1) 보험에 가입하지 않았으면 사고가 나지 않도록 주의해 운전을 할 유인이 있지만, 보험에 가입하면 보험회사는 운전자가 얼마나 주의해서 운전하는지를 관측하기 어려우므로 보험에 가입하기 전보다 부주의하게 운전할 유인이 발생한다.

2) 당연히 사고금액 전액을 보장하는 경우에 도덕적 해이가 가장 크다.

3) b)의 경우 200만원까지 운전자가 비용을 지불해야 한다. 반면에 c)의 경우 차의 가치를 x라고 하면 $0.2x$만큼을 운전자가 지불한다. 둘 가운데 작은 쪽의 경우가 도덕적 해이가 더 크다. $0.2x = 200$을 풀면 $x = 1{,}000$만원이다. 따라서 차의 가치가 1,000만원 미만이면 c)가 1,000만원을 초과하면 b)가 도덕적 해이가 더 크다.

08 1)

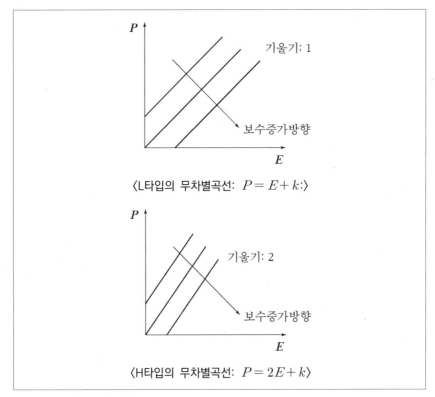

〈L타입의 무차별곡선: $P = E + k:$〉

〈H타입의 무차별곡선: $P = 2E + k$〉

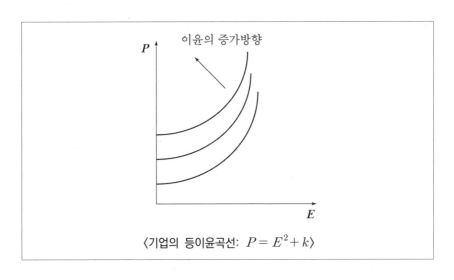

〈기업의 등이윤곡선: $P = E^2 + k$〉

2) L타입: $U_L = E - P$이므로 E를 팔 때 $U_L = 0$, 즉 $P = E$를 책정한다.
기업은 $\pi = P - E^2 = E - E^2$를 극대화한다. $\dfrac{d\pi}{dE} = 1 - 2E = 0$을 풀면 $E = \dfrac{1}{2}$이다. 따라서 L타입에게 $\left(\dfrac{1}{2}, \dfrac{1}{2}\right)$를 제시한다.

H타입: 같은 방법으로 E를 팔 때 $P = 2E$를 책정하고 기업은 $\pi = 2E - E^2$를 극대화한다. $\dfrac{d\pi}{dE} = 2 - 2E = 0$을 풀면 $E = 1$이다. 따라서 H타입에게 $(1, 2)$를 제시한다.

3) 각 타입의 유인제약조건은 다음과 같다:
$$IC_L : E_L - P_L \geq E_H - P_H, \quad IC_L : 2E_H - P_H \geq 2E_L - P_L.$$

4) 이번에는 H타입이 L타입을 모방하려고 하기 때문에 L타입의 참여제약조건과 H타입의 유인제약조건이 구속력을 가진다.

5) $PC_L = 0 : E_L - P_L = 0 \Rightarrow P_L = E_L$. $IC_H = 0 : 2E_H - P_H = 2E_L - P_L = 0 \Rightarrow P_H = 2E_H - E_L$이다. 이를 이윤함수에 대입하면 다음과 같다. $\pi = \dfrac{2}{3}(E_L - E_L^2) + \dfrac{1}{3}(2E_H - E_L - E_H^2)$. $\dfrac{\partial \pi}{E_H} = \dfrac{1}{3}(2 - 2E_H) = 0$, $\dfrac{\partial \pi}{E_L} = \dfrac{2}{3}(1 - 2E_L) - \dfrac{1}{3} = 0$을 연립해 풀면 $E_H = 1$, $E_L = \dfrac{1}{4}$이다. 따라서 $(E_H, P_H) = \left(1, \dfrac{7}{4}\right)$, $(E_L, P_L) = \left(\dfrac{1}{4}, \dfrac{1}{4}\right)$를 제시한다.

09 1) B가 다른 곳에서 얻을 수 있는 효용이 0이므로 $w - e = 0$이 되도록 w를 선택한다. 즉, $w = e$이다. 이 경우 A의 보수는 $u_A = R - e = 6e - e^2$이다. $\dfrac{du_A}{de} = 6 - 2e = 0$을 풀면 $e = 3$을 얻는다. A의 보수는 9이다.

2) B의 보수는 $u_B = \dfrac{R}{2} - e = \dfrac{5e - e^2}{2}$이다. $\dfrac{du_B}{de} = \dfrac{5 - 2e}{2} = 0$을 풀면

$e = \dfrac{5}{2}$를 얻는다. 1)에서 구한 e보다 작다. A와 B의 보수는 각각 $\dfrac{45}{8}$

와 $\dfrac{25}{4}$이다.

3) $w = R - 9$의 형태로 제안하면, B의 보수는 $u_B = R - e - 9$가 되어 B
는 1)과 동일하게 $R - e$를 극대화하는 e를 선택한다. 이 때 A와 B가
얻는 보수는 1)과 동일하다. $w = R - 9$인 계약은 기본적으로 A가 B
에게 9의 금액을 받고 사업을 판 것과 동일하다.

10   1) 근로자의 효용함수가 $u(w) = \log_2 w$이므로 위험 기피자이다. $e = 0$일

때 수입은 각각 $\dfrac{1}{2}$ 확률로 100 또는 200이다. 위험 기피자이므로 수
입의 결과와 관계없이 동일한 금액을 지불하는 것이 최선이다. 즉,
$w_{100} = w_{200}$이다.

(* 수학적 증명: 근로자가 외부에서 얻는 효용을 u_0라고 하면

$\dfrac{\log_2 w_{100} + \log_2 w_{200}}{2} = u_0$이어야 한다. 이때 기업이 지불하는 기대금

액은 $\dfrac{w_{100} + w_{200}}{2}$이다. 이윤을 극대화하려면 $\dfrac{\log_2 w_{100} + \log_2 w_{200}}{2} =$

u_0하에서 $\dfrac{w_{100} + w_{200}}{2}$를 극소화하여야 한다. $\dfrac{w_{100} + w_{200}}{2}$의 기울기

는 (-1)이고 $\dfrac{\log_2 w_{100} + \log_2 w_{200}}{2} = u_0$의 기울기는 $-\dfrac{w_{200}}{w_{100}}$이다. 극

소화되려면 $-\dfrac{w_{200}}{w_{100}} = -1$, 즉 $w_{100} = w_{200}$이어야 한다. 이 결과는 모
든 위험 기피자에 대해서, 결과가 두 개인 모든 확률분포에 대해서,

모든 u_0에 대해서 성립한다.)

이 근로자가 외부에서 얻는 효용이 0이므로 $\log_2 w_{100} = \log_2 w_{200} = 0$, 즉 $w_{100} = w_{200} = 1$이 된다. 이 때 기업의 이윤은 $\dfrac{(100-1)+(200-1)}{2}$ $= 149$이다.

$\quad$ $e = 1$일 때 수입은 $\dfrac{1}{4}$의 확률로 100 또는 $\dfrac{3}{4}$확률로 200이다. 위험 기피자이므로 수입의 결과와 관계없이 동일한 금액을 지불하는 것이 최선이다. 즉, $w_{100} = w_{200}$이다. 이 근로자가 외부에서 얻는 효용이 0이므로 $\log_2 w_{100} - 4 = \log_2 w_{200} - 4 = 0$, 즉 $w_{100} = w_{200} = 16$이 된다. 이 때 기업의 이윤은 $\dfrac{(100-16)+3\times(200-16)}{4} = 159$이다. $e = 1$일 때의 이윤이 더 크다.

2) 1)에서 $e = 1$일 때의 계약인 $w_{100} = w_{200} = 16$을 제시할 경우, 근로자가 $e = 1$를 선택하면 기대효용은 0이다. 반면에 $e = 0$을 선택하면 기대효용은 $\dfrac{\log_2 16 + \log_2 16}{2} = 4$이므로 근로자는 $e = 1$을 선택하지 않는다.

3) $w_{100} = w_{200} = 1$을 제안할 경우, 근로자는 $e = 1$을 선택할 유인이 없다. 그러므로 유인제약조건은 필요하지 않다.

4) PC: $\dfrac{1}{4} \times \log_2 w_{100} + \dfrac{3}{4} \times \log_2 w_{200} - 4 \geq 0$

IC: $\dfrac{1}{4} \times \log_2 w_{100} + \dfrac{3}{4} \times \log_2 w_{200} - 4 \geq \dfrac{1}{2} \times \log_2 w_{100} + \dfrac{1}{2} \times \log_2 w_{200}$

5) 본 장 4절에서 설명하였듯이, 기업의 이윤을 극대화하는 계약에서 PC와 IC가 모두 등호로 성립한다. 두 등식을 풀면 $\log_2 w_{100} = -8$, $\log_2 w_{200} = 8$을 얻는다. 따라서 $w_{100} = \dfrac{1}{256}$, $w_{200} = 256$이다. 이 때 기업의 이윤은 $\dfrac{\left(100 - \dfrac{1}{256}\right) + 3\times(200-256)}{4} = -\dfrac{17}{1204}$이다. 이는

1)의 이윤보다 작고, $e = 0$일 때의 이윤보다 작다. 따라서 근로자의 노력이 관측 불가능하면 기업은 근로자가 $e = 0$을 선택하는 것을 선호한다.

11   1) 위험 기피자이므로 수입의 결과와 관계없이 동일한 금액을 지불하는 것이 최선이다. 즉, $w_{100} = w_{200}$이다. 이 근로자가 외부에서 얻는 효용이 1이므로 $\log_2 w_{100} = \log_2 w_{200} = 1$, 즉 $w_{100} = w_{200} = 2$이다. 이 때 기업의 기대이윤은 148이다.

2) 1)과 동일하게 수입의 결과와 관계없이 동일한 금액을 지불하는 것이 최선이다. 즉, $w_{200} = w_{400}$이다. 이 근로자가 외부에서 얻는 효용이 1이므로 $\log_2 w_{200} - 3 = \log_2 w_{400} - 3 = 1$, 즉 $w_{200} = w_{400} = 16$이다. 이 때 기업의 기대이윤은 284이다.

3) $e = 0$을 선택할 때의 기대효용이 더 크므로 근로자는 $e = 1$을 선택하지 않는다.

4) 수입이 100이 되는 경우는 $e = 1$일 때 발생하지 않는다. 따라서 수입이 100이 되면 이는 $e = 0$인 증거이다. $w_{100} = 0$으로 놓으면 $\log_2 0 = -\infty$이고 $e = 0$일 때 수입이 100이 되는 확률이 0보다 크므로, $e = 0$를 선택할 때의 기대효용은 $-\infty$이다. 따라서 $w_{100} = 0$으로 놓으면 근로자가 $e = 0$을 선택할 유인이 없다. 2)에서와 동일하게 $w_{100} = 0$, $w_{200} = w_{400} = 16$을 제안하면, 근로자는 $e = 1$을 선택하고, 기업은 2)에서 동일한 기대이윤을 얻는다.

* 이와 같이 노력 수준에 따라서 발생할 수 있는 결과가 달라지는 경우를 moving support라고 부른다. moving support의 경우, 대리인의 효용이 $-\infty$가 되도록 할 수 있으면, 노력 수준이 관측할 수 있는 경우와 동일한 결과를 얻을 수 있다.

5) 효용함수가 $u(w) = \sqrt{w}$ 인 경우도 역시 근로자는 위험 기피적이다.

$e = 0$이면 $\sqrt{w_{100}} = \sqrt{w_{200}} = 1$, 즉 $w_{100} = w_{200} = 1$을 제안한다.

이 때 기업의 기대이윤은 149이다.

$e = 1$이면 $\sqrt{w_{200}} - 3 = \sqrt{w_{400}} - 3 = 1$, 즉 $w_{200} = w_{400} = 16$이다.

이 때 기업의 기대이윤은 284이다.

$e = 1$인 경우의 기대이윤이 더 크다.

6) * $\sqrt{0} = 0$이므로 $w_{100} = 0$으로 놓아도 효용이 $-\infty$가 되지 않는다.

이 경우 유인제약조건을 고려해야 한다. 유인제약조건은 다음과 같다.

$$\frac{1}{2} \times \sqrt{w_{200}} + \frac{1}{2} \times \sqrt{w_{400}} - 3 \geq \frac{1}{2} \times \sqrt{0} + \frac{1}{2} \times \sqrt{w_{200}} = \frac{1}{2} \times \sqrt{w_{200}}$$

7)* 참여제약조건과 유인제약조건은 각각 다음과 같다.

$$PC: \quad \frac{1}{2} \times \sqrt{w_{200}} + \frac{1}{2} \times \sqrt{w_{400}} - 3 \geq 1,$$

$$IC: \quad \frac{1}{2} \times \sqrt{w_{200}} + \frac{1}{2} \times \sqrt{w_{400}} - 3 \geq \frac{1}{2} \times \sqrt{w_{200}}.$$

물론 이윤 극대화 계약에서는 PC와 IC가 등호로 성립하여야 한다.
이를 풀면 $w_{200} = 4$, $w_{400} = 36$을 얻는다. 이 때 기업의 기대이윤은
280이다.

12

1) $e = 5$를 선택하도록 하는 IC와 PC는 다음과 같다.

$$IC: \quad \frac{3}{4}\sqrt{w_H} + \frac{1}{4}\sqrt{w_L} - 5 \geq \frac{1}{2}\sqrt{w_H} + \frac{1}{2}\sqrt{w_L},$$

$$PC: \quad \frac{3}{4}\sqrt{w_H} + \frac{1}{4}\sqrt{w_L} - 5 \geq 2.$$

IC와 PC 모두 등호로 성립하여야 하므로 이를 풀면 $w_H = 144$,
$w_L = 64$이다.

2) e가 관측가능하면 $\sqrt{w}-5=2$, 즉 $w=49$를 주면 된다. 그러나 관측 불가능하므로 기댓값으로 $\dfrac{3w_H+w_L}{4}=124$를 지불해야 한다. 따라서 평균적으로 $124-49=75$만큼을 더 지불한다.

13 $e=5$를 선택하려면 PC는 $\dfrac{2}{3}\sqrt{w_H}+\dfrac{1}{3}\sqrt{w_L}-5\geq 10$, IC은 $\dfrac{2}{3}\sqrt{w_H}+\dfrac{1}{3}\sqrt{w_L}-5\geq \dfrac{1}{3}\sqrt{w_H}+\dfrac{2}{3}\sqrt{w_L}$ 이다. 이윤이 극대화되면, PC, IC 모두 등호로 성립한다. $\dfrac{2}{3}\sqrt{w_H}+\dfrac{1}{3}\sqrt{w_L}-5=0$, $\dfrac{2}{3}\sqrt{w_H}+\dfrac{1}{3}\sqrt{w_L}-5=\dfrac{1}{3}\sqrt{w_H}+\dfrac{2}{3}\sqrt{w_L}$을 풀면 $w_H=400$, $w_L=25$이다.

대리인이 $e=0$를 선택하기 위해 $\dfrac{2}{3}\sqrt{w_H}+\dfrac{1}{3}\sqrt{w_L}=10$과 $w_H=w_L$을 풀면 $w_H=w_L=100$이다.

$e=0$, $e=5$일 때 이윤은 각각 $\dfrac{(A-100)+2\times(0-100)}{3}=\dfrac{A-300}{3}$, $[2(A-400)+(0-25)]=\dfrac{2A-825}{3}$이다. $e=5$이려면 $\dfrac{2A-825}{3}\geq\dfrac{A-300}{3}$ 즉, $A\geq 525$이어야 한다.

제22장 사회적 선택이론

01

1) 1과 2의 사과 소비량을 각각 x_1과 x_2라고 하면, $u_1 = \sqrt{x_1}$와 $u_2 = x_2$이다. 따라서 $x_1 = u_1^2$, $x_2 = u_2$이다. $x_1 + x_2 = 90$이므로 여기에 $x_1 = u_1^2$, $x_2 = u_2$를 대입하면, $u_1^2 + u_2 = 90$인 효용가능곡선을 얻는다. 효용가능곡선을 그래프로 그리면 다음과 같다.

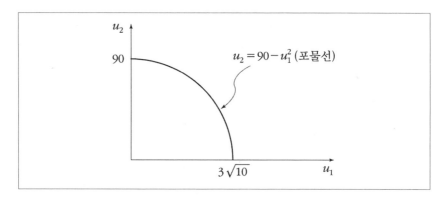

2) 공리주의적 기준에 의하면 $W = u_1 + u_2$를 극대화해야 한다. 무차별곡선의 기울기가 (-1)이므로 효용가능곡선의 기울기가 (-1)인 점을 찾아야 한다. 효용가능곡선이 $u_2 = 90 - u_1^2$이므로 기울기는 $\dfrac{du_2}{du_1} = -2u_1$이다. $-2u_1 = -1$을 풀면 $u_1 = \dfrac{1}{2}$을 얻는다. $x_1 = u_1^2$이므로 1은 $\dfrac{1}{4}$을 소비한다. 2는 나머지인 89와 $\dfrac{3}{4}$을 소비한다.

3) 롤스의 기준에 의하면 $u_1 = u_2$가 되어야 한다. 이를 효용가능곡선에 대입하면 $u_1^2 + u_1 - 90 = 0$이 된다. 이를 풀면 인수분해하면 $(u_1 - 9)$

$(u_1 + 10) = 0$이 된다. $u_1 > 0$이므로 $u_1 = 9$이다. $x_1 = u_1^2$이므로 1은 81을 소비하고, 2는 나머지인 9를 소비한다.

4) 사회후생함수가 $W = u_1 u_2$일 경우, 한계대체율은 $MRS = \dfrac{u_2}{u_1}$이므로 무차별곡선의 기울기는 $-\dfrac{u_2}{u_1}$이다. 효용가능곡선의 기울기가 $-2u_1$ 이므로, 무차별곡선과 효용가능곡선이 접하기 위한 조건은 $-\dfrac{u_2}{u_1} = -2u_1$, 즉, $u_2 = 2u_1^2$이다. 이를 $u_1^2 + u_2 = 90$에 대입하면, $3u_1^2 = 90$ 이다. 그러므로 $u_1 = \sqrt{30}$이다. 따라서 $x_1 = u_1^2$이므로 1은 30, 2는 나머지 60을 소비한다.

02

	강제	만장일치	다수결 제도	보다 룰
합리적인 사회적 선호	x	완전성(x) 이행성(0)	완전성(0) 이행성(x)	0
정의역의 비제한성	0	0	0	0
파레토 원칙	x	0	0	0
무관한 대안으로부터의 독립	x	0	0	x
비독재성	0	0	0	0

03 소비자 1과 2의 초기 부존이 각각 (10, 20), (30, 10)이므로 경제 전체의
초기 부존은 (40, 30)이다. 두 소비자의 한계대체율은 동일하게
$MRS = \dfrac{x_2}{x_1}$이다. 소비자 1의 소비묶음을 (x_1, x_2)라고 하면 소비자 2의

소비묶음은 $(40 - x_1, 30 - x_2)$이다. $\dfrac{x_2}{x_1} = \dfrac{30 - x_2}{40 - x_1}$을 풀면 계약곡선

$x_2 = \dfrac{3x_1}{4}$을 얻는다.

1) 벤담의 공리주의는 $U_1 + U_2$를 극대화한다. $U_1 + U_2$를 극대화하는 자
원배분은 반드시 파레토 효율적이어야 한다. 소비자 1의 재화1 소비
를 x_1이라고 하면 계약곡선에 의해 $x_2 = \dfrac{3x_1}{4}$이고, 소비자 2의 소비

묶음은 $\left(40 - x_1,\ 30 - \dfrac{3x_1}{4}\right)$이다. 따라서 $0 \le x_1 \le 40$ 범위에서 $V(x_1)$

$= U_1 + U_2 = \dfrac{3x_1^2}{4} + \dfrac{3(40 - x_1)(40 - x_1)}{4} = \dfrac{3(x_1^2 - 40x_1 + 800)}{4}$을 극

대화하면 된다. 그런데 2차항의 계수가 (+)이므로 $x_1 = 0$ 또는
$x_1 = 40$에서 극대화된다. $V(0) = V(40)$이므로 $\{(0, 0), (40, 30)\}$ 또
는 $\{(40, 30), (0, 0)\}$이 선택된다.

2) 롤스에 의하면 $U_1 = \dfrac{3x_1^2}{4} = U_2 = \dfrac{3(40 - x_1)(40 - x_1)}{4}$이어야 한다.

따라서 $x_1 = 20$이다. 그러므로 $\{(20, 15), (20, 15)\}$가 선택된다.

공저자 약력

김영산(金永山)
서울대학교 경제학과 학사, 석사
UCLA 경제학 박사
홍콩과기대 교수 역임
현재 한양대학교 경제금융대학 교수
　　　한국산업조직학회 학술지인「산업조직연구」편집위원장 역임
　　　한국산업조직학회 회장(2013)
　　　Journal of Law, Economics and Organization, Journal of Finance, Journal of Financial and Quantitative Analysis,「계량경제학보」,「산업조직연구」등에 다수의 논문 게재
이메일: ecyskim@hanyang.ac.kr

왕규호(王奎晧)
서울대학교 경제학과 학사
스탠포드(Stanford) 대학교 경제학 석사, 박사
캐나다 웨스턴 온타리오 대학교, 중앙대학교 교수 역임
현재 서강대학교 경제학부 교수
　　　한국산업조직학회 학술지인「산업조직연구」편집위원장 역임
　　　한국산업조직학회 회장(2014)
　　　Journal of Law, Economics and Organization, Review of Economic Studies, International Journal of Industrial Organization, Hitotshibash Journal of Economics,「계량경제학보」,「산업조직연구」등에 다수의 논문 게재.
　　　저서로「게임이론」(2004, 박영사), 역서로「버냉키·프랭크 경제학」(2020, McGraw-Hill Korea)이 있음.
이메일: ghwang@sogang.ac.kr

제3판
미시경제학 연습문제 해답집

초판발행	2013년 8월 28일
제3판발행	2020년 4월 15일
중판발행	2024년 1월 31일
지은이	김영산·왕규호
펴낸이	안종만·안상준
편 집	배근하
기획/마케팅	장규식
표지디자인	조아라
제 작	고철민·조영환
펴낸곳	(주)**박영사**
	서울특별시 금천구 가산디지털2로 53, 210호(가산동, 한라시그마밸리)
	등록 1959. 3. 11. 제300-1959-1호(倫)
전 화	02)733-6771
f a x	02)736-4818
e-mail	pys@pybook.co.kr
homepage	www.pybook.co.kr
ISBN	979-11-303-0981-1 93320

정 가   10,000원